浙水遗韵

水墨金华

《浙水遗韵》编委会 编

杭州出版社

图书在版编目（CIP）数据

水墨金华 / 《浙水遗韵》编委会编. -- 杭州 : 杭州出版社, 2022.12（2023.6 重印）
（浙水遗韵）
ISBN 978-7-5565-1975-0

Ⅰ. ①水… Ⅱ. ①浙… Ⅲ. ①水－文化遗产－介绍－金华②水利工程－文化遗产－介绍－金华 Ⅳ. ①K928.4 ②K878.4

中国版本图书馆 CIP 数据核字（2022）第 224625 号

水墨金华

Shuimo Jinhua

《浙水遗韵》编委会 编

责任编辑 朱金文
装帧设计 魏君妮 屈 皓
美术编辑 屈 皓 王立超 卢晓明
责任校对 陈铭杰
责任印务 王立超
出版发行 杭州出版社（杭州市西湖文化广场 32 号 6 楼）
电话：0571-87997719 邮政编码：310014
网址：www.hzcbs.com
排　　版 杭州立飞图文制作有限公司
印　　刷 浙江国广彩印有限公司
经　　销 新华书店
开　　本 710mm×1000mm 1/16
印　　张 18
字　　数 285 千字
版 印 次 2022 年 12 月第 1 版 2023 年 6 月第 2 次印刷
书　　号 ISBN 978-7-5565-1975-0
定　　价 98.00 元

《浙水遗韵》编纂委员会

《浙水遗韵》编纂委员会办公室

《浙水遗韵·水墨金华》
编纂委员会

主　任：卢照洋

副主任：张新有　汪　展

委　员：江卫锋　赵沛淮　潘丽芳　马　刚　翁一兵
　　　　朱志豪　潘期枫　胡武勇　陈　飞

主　编：汪　展　毛米罗

副主编：陈　航　叶　亮　王敏敏

《浙水遗韵·水墨金华》
编纂委员会办公室

主　任：张新有

副主任：汪　展

成　员：邱益奎　叶小明　方旭日　黄　东　祝淑珠
　　　　卢明广　徐　丹　涂冠胜　张连新

撰　稿：毛米罗　陈　航　叶　亮　王敏敏　金娇娇
　　　　王伟英　王丛云　张天锡　蒋颖媛　王业雄
　　　　金　骏　蒋纯清　傅克平　胡　泉　何华锋
　　　　裴新平　薛　磊　岳法家

摄　影：张经华　洪　兵　胡肖飞　时宽兵　何　敏

总序

一

鸿蒙上古，洪水肆虐；海晏河清，安澜浙江。

穿越时空，谁能证明那些被折叠在山水尘土中的沧海桑田？穿透岁月，谁能唤醒那些活跃在绚烂长河中的生命伸张？带着问题，一场特别的文化巡礼拉开帷幕。当时的一座坝，现在的一个谜，一些润物耕心的洗练，一切高岸深谷的变迁，都成了这场水文化之旅中的奇妙体验。

浙水文化起源自先民对水的最早认识和适应，嬗变在碰撞中发生，也在融合中沉淀。上山遗址出土的炭化稻米遗存，照射出一万年前水与稻作农业的交融。跨湖桥遗址保存的独木舟，荡起了八千年前向水而生的文明涟漪。河姆渡遗址的水井和干栏式建筑遗迹，见证了早期聚落取水、避水的杰出创造。良渚古城遗址的外围水利系统，奠定了五千年前良渚文明的兴起。

如果说浙江早期文明是点点繁星，那么由于水的涵养滋润，繁星最终汇成了壮丽天河。在这些星辰浩渺的水文化碎片中，我们见到了一个又一个历史的细节，看到了我们祖先逐渐铿锵的文明步伐。

人称东南形胜的浙江，并非自古繁华，今日之繁荣很大一部分得益于水利建设的发展与完善。在历代的治水实践中，人们抵御洪潮侵袭，大兴蓄灌引排之利，变斥卤不毛之地为桑田粮仓，不断捍卫生存家园、拓展发展空间，使浙江逐步成为宜产、宜业、宜居、宜游、宜学的民丰物阜之地、山川秀丽之境、文明礼仪之乡。

二

孜孜不倦，久盛长兴。如今，浙水遗韵，绵延于山海之间，回荡在浙江大地之上。

西湖的疏浚，不仅保留了淡妆浓抹总相宜的湖光山色，更可灌溉周边千亩良田，哺育出钱塘繁华，“参差十万人家”。鉴湖的开浚，一度使山会平原“无荒废之田，无水旱之岁”。溇港体系的建成，使太湖南沿沼泽上松软的涂泥成为适宜耕种的沃土，从此“山从天目成群出，水傍太湖分港流”，桑基鱼塘、丝绸之府、鱼米之乡成为湖州名片。白沙溪三十六堰、姜席堰的修筑，使得金衢盆地“每岁禾田无旱日，此乡农事有余秋”，成为浙中粮仓。通济堰、松阴溪古堰群的兴建，成就了碧湖平原和松古平原的殷实富饶。它山堰的兴建，灌田数千顷，使鄞西平原成为浙东重要产粮区，“一朝堰此水，千载粒吾民”。

始建于东汉的东苕溪西险大塘，经历代增筑，昂然屹立一千八百余年，是杭州城和杭嘉湖平原的重要防洪屏障。古处州、严州、衢州、临海、兰溪等地的防洪城墙，守护着临河古城的市井繁华。钱塘江海塘的兴修，使两岸杭嘉湖平原和萧绍平原免于咸潮侵害，成就了“苏湖熟，天下足”的经济格局。唐时“当今赋出天下，而江南居十九”，明代“浙东西又居江南十九”。清代乾隆帝六次南巡，四次亲巡海塘一线，足见海塘所系已不只是浙江，更是牵动整个国家的经济命脉。

慈溪、余姚等地历史上不断向外拓展的一道道海堤，将荒滩盐场变为农田桑麻之地，使得“从兹疆场水奠安，黍稷桑麻应郁然”。三江闸的兴建，集挡潮、蓄淡、排涝诸功能于一身，重整了河口灌排水系，使鉴湖湮废后的萧绍平原得以复兴。椒江河口右岸在千百年里以层层外推的十多条海塘，演绎着向海而生的勇毅。金清闸、新金清闸、金清新闸的迭代演进，八百年间蓄淡、御咸、排涝，成就了温黄平原的繁盛。

京杭运河和浙东运河的凿通，为商贾繁盛提供了舟楫之便，促成了杭州区域中心城市的崛起。温瑞塘河打通了东瓯动脉，促进内外物资、文化的交流，成就了温州山水人文城市的佳话。沿衢江、新安江、瓯江、甬江等水系及各支流星罗棋布的古埠渡口和码头，转运着人员物产，激荡着时代风云，思想、风气往往得天下之先，浙江商帮由此走向全国，走出海外。

遍布于浙江山区、平原、海岛的近六千处古井，解决了人们日常饮食起居的水源供应。看似原始简单的水井，有效地支撑了人们向艰苦环境的拓殖，支撑起各地乡村、城市的发展与繁华。

三

跃动于灵感之上，传承着古人治水的智慧与思想。它山堰、通济堰等巧妙的堰底倾角与拱形设计，龙游“南堰北塘”的格局体系，得益于治水技艺的传承与创新，古老的工程历经沧桑仍发挥效用。龙现梯田十三闸分流引水，蜀墅塘的三枧九圳分水体系，科学合理的水事制度，有力保证了农业生产，也维护了社会稳定。这些智慧的灵光记载于卷帙浩繁的水利文献典籍、丰富广布的石刻碑记之上，启迪着后人。

洋溢于点滴之中，塑造着浙江的气质禀赋和精神风貌。由水衍生出的民俗仪式和神话传说，寄托了人们对生活的美好向往：分布广泛的“大禹庙”，表达了人们对治水英雄的纪念；踏塘、祭潮的民间仪式，象征着人们对风调雨顺、河清海晏的珍视；流传广泛的防风治水、钱王射潮传说，反映了艰苦卓绝的治水历程，颂扬了不屈不挠的奋斗精神。正是有了山清水秀、江河安澜，才有了生活的诗意，有了乐山乐水的闲暇与浪漫。

从水利工程到技术制度、从民俗仪式到神话传说，从物质到精神的一切，携带着历史的、科学的、艺术的、文化的基因，成就了璀璨夺目的浙江水文化宝库。浙江省水利厅于2021年组织开展了全省重要水文化遗产调查。历时两年，各县（区、市）调查团队遍检群籍、查阅史料，翻山涉河、深入现场，不辞辛苦整编成果，筛选出全省水文化遗产10000余项，其中5200余项纳入“浙江水文化”数字平台。我们从中精心选录800余项按11个地市编纂成书，以飨读者。有诗画杭州、清丽湖州、水印嘉兴交织出的如画诗境，有源起衢州、水墨金华、山川丽水描绘出的绝代风华，有理水绍兴、安澜宁波、水定舟山传颂着趋利避害的治理传奇，有潮起台州、平水温州咏唱着催人奋进的山海长歌。

这些水文化遗产带着特定环境与时代的烙印，是跨越了时间的宝贵财富。当水流翻过古老的堰坝，当江潮拍打鱼鳞石塘，当余晖映红运河水道，当大禹祭典的钟鼓震颤长空，我们仍能感到迎面拂来的那阵暖风，吹来的是未泯的典范和当下的星空，还有无数个我们未完待续的如水诗篇。

目录

人文古迹——婺水遗迹写春秋

题八咏楼

〔宋〕李清照

千古风流八咏楼，江山留与后人愁。
水通南国三千里，气压江城十四州。

水墨金华

千年州府地，双星争华城。金华古称婺州，建制已有 2200 多年。古属越国地，秦入会稽郡，东汉初平三年（192）始设长山县，隋改称金华县。朱元璋率部攻入金华时，称其为“浙江之心”。金华自古有“历史文化之邦、名人荟萃之地、文风鼎盛之城、山清水秀之乡”的盛誉，被称为江南“小邹鲁”。

金华深厚的文化底蕴离不开水的滋养。千百年来，

清代吕焕章《金华府城图》

1930年的婺江水道运输竹筏

金华发达的水系、优美的水生态吸引人们依水而居、治水而兴。金华人民除水患、兴水利，修筑了大量水利工程，构建了四通八达的江河航运，成就了八婺大地的繁华富庶，孕育了华彩多姿的治水文化，创造了诗意流淌的文艺作品，绘就了金华文明发展史上的动人篇章。

一

金华境内的江河分属钱塘江、瓯江、椒江三大水系，据2018年水域调查，有河道3198条，总长度8783.45千米。宋代著名词人李清照的"水通南国三千里，气压江城十四州"正是八婺水乡的生动写照。

金华江又称婺江，是金华境内的主要水系，也是钱塘江水系最大的支流。燕尾洲地段东阳江与武义江合流处，为婺江源头；市区通济桥附近，称双溪。斗转星移，时序更张。金华江河道在历史上变迁较大，有的河段早已不见昔日模样。江边驻足，听江河滚滚，又忆“明月双溪水，清风八咏楼。昔年为客处，今日送君游”的悠然意境。

别称浣纱溪的浦阳江，发源于浦江县花桥乡高塘村

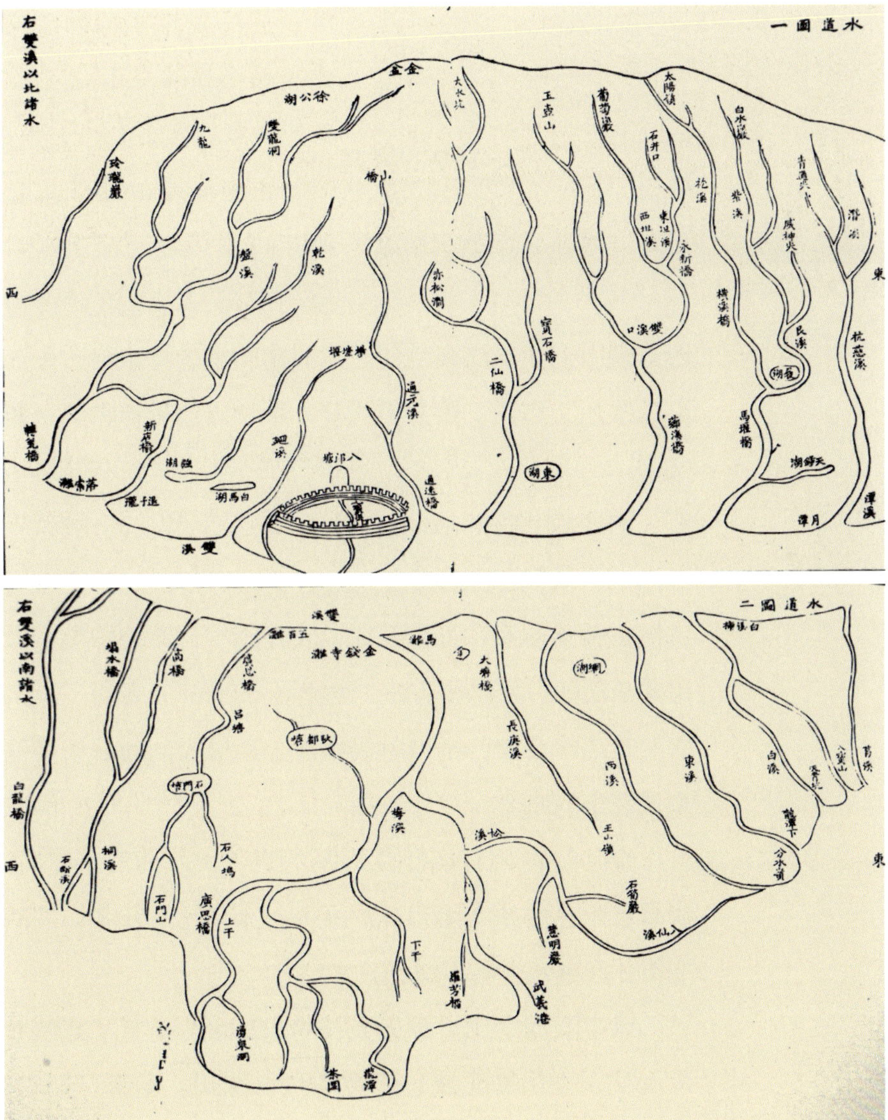

金华县水道图

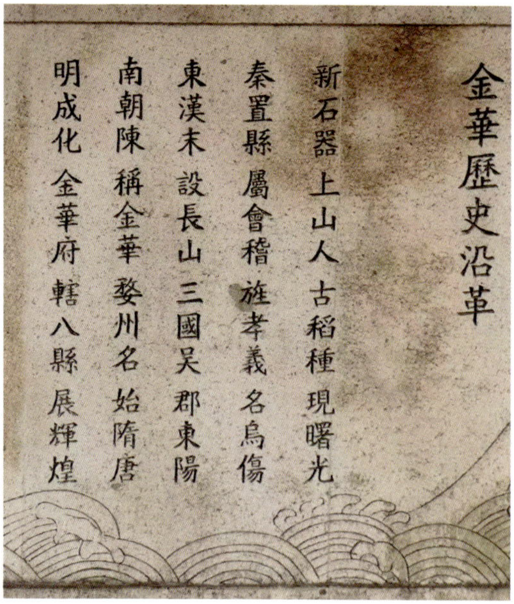

金华历史沿革歌谣

东南天灵岩南麓，横穿浦江县南部，至闻堰南侧的小砾山，注入钱塘江。浦阳江是一条流淌的文明之江，自 20 世纪 70 年代起至今，古浦阳江流域自上而下先后发现了河姆渡文化、跨湖桥文化和上山文化三种考古学文化。

古名瀔水的衢江上起衢州市常山港、江山港合流的双港口，下迄兰溪市西南横山纳金华江接兰江。作为衢州市的母亲河，衢江上承徽州文化，下接金华八婺，孕育出别具特色的三衢文化。

因岩多兰茝得名的兰江既有“三江六岸、两山两塔、三岛一古城”的诗意景观，又有全国保存最完整的古城古镇古村落体系。舟行兰江，人在画中，意境唯美。自南宋至清朝，兰溪被誉为“钱塘第一商埠”，曾有三十六码头、二十会馆，是当时钱塘江上游最大的商品集散地和最繁华的商埠。

金华境内还有属瓯江水系的宣平溪、菊溪、好溪，属椒江水系的始丰溪和溪炉港等。金华江河众多、纵横交错，江南水乡名不虚传。

水是文明之源。源远流长的三江水脉孕育了万年上山文化。上山文化遗址已在浦江、嵊州、龙游、金华、永康、义乌、兰溪等 20 余处发现，实证了浙江是世界万年稻作农业之源。农耕时代的金华，水既满足了庄稼生长、人们生存所需，也带动了江河航运，促进了人员商贸交流，使钟灵毓秀的金华繁荣富庶、文化昌盛。

从磐安文溪到东阳江、婺江、兰江，再经富春江一路东流入海，金华因水路发达、风光秀美和文脉绵长，吸引了萧统、沈约、骆宾王、孟浩然、戴叔伦、王安石、李清照、陆游、吕祖谦、朱熹、陈亮、赵孟頫、王阳明、李渔等众多文化巨擘。他们流连忘返，吟诗作赋，讲学立说，挥毫泼墨，形成了钱塘江诗路上的璀璨明珠，成就了金华学派与月泉书院的美谈，绘就了书画之乡的底色。浙学、诗学、戏剧、书画、音乐、服饰等文化在金华延绵流传、长盛不衰，金华历史上一幅幅古朴的江南水墨画卷得以渐次展开。

二

“三面环山夹一川，盆地错落涵三江”是八婺大地地貌的生动写照。水系发达，支流众多，江河交错，四通八达，丰富的水资源哺育了浙中大地，奔腾的江河水涵养了浙中气质。然“水可载舟，亦可覆舟”，金华也因独特的自然条件而频发水旱灾害。据史料记载，自南朝梁天监二年（503）至 1948 年，金华共发生有记载的大水灾 269 次，平均每 5 年左右出现一次大水灾；自东晋大兴二年（319）至 1948 年，金华共发生有记载的大旱灾 236 次，平均每 7 年左右出现一次大旱灾。

为求生存与发展，金华人民自古便开启了漫长的兴水之利、除水之害的伟大实践。根据志书记载，金华最早在东汉初即有卢文台率部修筑白沙溪三十六堰。历经

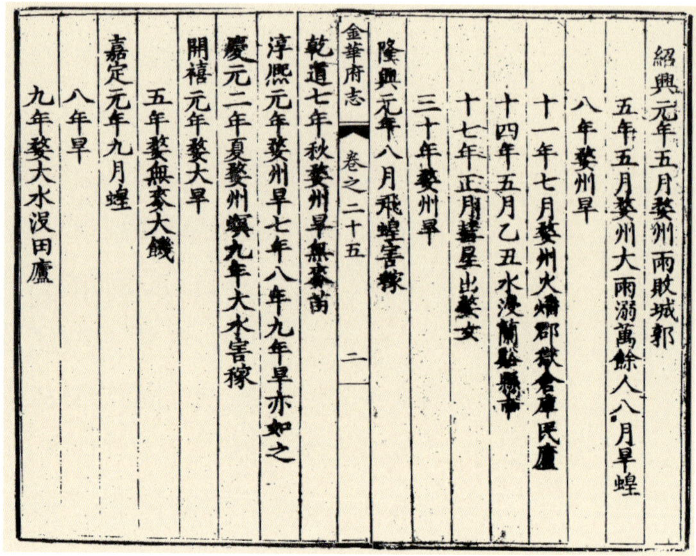

紹興元年五月婺州雨敗城郭
五年五月婺州大雨溺萬餘人八月旱蝗
八年婺州旱
十一年七月婺州火燔郡獄倉庫民廬
十四年五月乙丑水浸蘭谿縣市
十七年正月彗星出婺女
三十年婺州旱
隆興元年八月飛蝗害稼
金華府志 卷之二十五 二
乾道七年秋婺州旱無麥苗
淳熙元年婺州旱七年八年九年旱亦如之
慶元二年夏婺州旱九年大水害稼
開禧元年婺大旱
五年婺無麥大饑
嘉定元年九月蝗
八年旱
九年婺大水沒田廬

万历《金华府志》关于水旱灾害的记载

各朝各代，代代治水兴水，湖塘堰坝等水利工程遗产遍及金华各地，功勋卓著，流传史册。

金华的自然地理环境决定了金华历史上形成的水利工程遗产主要具有四方面的特点：

一是灌溉遗产最为突出。作为“稻作之源”的农耕文明之地，针对水旱灾害频发的自然条件，金华治水过程中形成了大量的灌溉工程遗产。东汉辅国大将军卢文台率部及后人修建的白沙溪三十六堰，使浙中地区成为中国历史上的重要粮仓之一。目前仍有 21 座古堰继续发挥引水灌溉作用。2020 年 12 月，白沙溪三十六堰成功通过 2020 年（第七批）世界灌溉工程遗产评选，跻身世界灌溉工程遗产名录，成为浙江省第六个、金华市首个世界灌溉工程遗产。浦江部分山区在溪底筑坑贮水，俗称水仓，是浦江独有的抗旱水利工程。东阳木衢桥坑古陂群是古人梯级利用水资源的结晶，至今仍发挥调蓄水资源、降低洪峰的作用。据调查，金华地区以满足灌溉需求为主的重要水利工程遗产达112个，它们为农作物提供水分，调节土地温度和土壤养分，为庄稼丰收提供了重要保障。

二是古村水系独具特色。浦江白麟溪上的“十桥九闸”，通过“水陆并行，河街相邻”，形成郑宅镇一纵一横十字形街道格局。水闸可以自由调节水位，作为消防用水储备，兼具灌溉、防洪、抗旱、洗涤、取水等综合功能。武义俞源古村将水塘、水井按北斗七星格局来布设，不仅满足了生活用水和消防需求，还体现了“天人合一”的思想，寄寓着“村落永存、家族恒兴”的消灾祈福的愿望。被称为“浙江省独一无二的河流”的嵩溪村水利工程，建有一条明溪和一条暗溪，村落供水、防洪排涝、农田灌水、水土保持集于一身，创造了“旱能灌、涝能排”的水利奇迹。这些神奇的水系，让江南古村生命延绵，韵味独特。

三是浮桥古渡精彩纷呈。元代修建的通济桥横跨婺江之上，是连结金华南北两区的纽带，更是通向兰溪、衢州的要道。建于清末的道德桥是安文通向深泽、新渥的交通咽喉，在双溪口公路大桥建成之前，它是连接深泽、新渥、冷水、仁川、双峰五个乡镇的唯一桥梁。清代修建的万善桥是当时货物运输、车马人员往来东阳江两岸的重要水上交通设施。早在“南船北马”交通不发达的时代，兰溪就享有“七省通衢”的水陆码头称誉。建于明代的宏济桥码头千百年前就有船渡史，是金华航运四通八达、三江六岸货船云集的一个缩影。建于唐代的金华小码头，是历史上浙中最为繁忙的水运码头。金华的浮桥、古渡多不胜数，它们沧桑的容貌见证了历史的兴衰和金华城市的变迁。

四是红色文化颇具影响。中华人民共和国成立后，金华人民在中国共产党领导下，发扬“自力更生、艰苦奋斗”的精神，修建了一系列在全省乃至全国具有影响力的水利工程，如浙江省首座小型水电站——湖海塘水电站、中国电力机械制造和农村水电史上的重要里程碑——双龙水电站、浙江省第一座开工建设的中型水库金兰水库、全国首例水权交易的名片——横锦水库等。这些工程镌刻着红色文化的属性，似一座座丰碑矗立在八婺大地上。如今，金华已建成大、中、小型水库约800座，山塘3428座，一幅幅新的水利工程美丽画卷正在绘就。

三

水是婺州魂，润物细无声。

千百年来，水流淌的是记忆，激扬的是生命，沉淀的是文化。大到白沙溪三十六堰、沙畈水库，小到古城码头、井桥，历朝历代修建的千百座水利工程设施，人们众志成城开展的各类治水实践，不仅发挥着灌溉、防洪、航运等具体的功能作用，承载了历史记忆、人文精神、时代思想，更是已经凝结成特色鲜明的金华治水精神。

一是坚韧不拔的治水精神。“空江波浪渺无涯，茅屋深林四五家。却讶扁舟穿木杪，山城回首隔梅花。”明代杨旦的这首《金华山水暴涨登舟有作》，真实记录了数百年前一场洪水突袭金华时的情景。千百年来，浙中大地

金华梅溪岩头廊桥

频频遭受洪水、干旱等自然灾害的侵袭，一部浙中发展史，就是一部金华人民与水旱之害作斗争的治水史。面对突如其来的自然灾害，金华的先民们在当时技术落后、设备简陋的条件下，依靠坚韧不拔的治水精神，除水患、兴水利、修堰坝、筑河堤、挖渠道，引得一渠渠清流滋润万顷良田，最终为金华赢得“浙中粮仓”的美誉，也因此滋养着一方百姓，孕育出璀璨的八婺文化。

二是求真务实的科学精神。治水即治国。自古饱受水旱灾害之苦的金华在丰富的治水实践中强调以求真务实的科学精神治水，确保治水取得实效。白沙溪三十六堰、长安堰、仓部堰、李渔坝、俞源水系等，跨越千百年至今依然发挥灌溉、防洪、抗旱等功能的金华水利工程遗产不在少数，这都得益于修筑水利工程时秉持的求真务实的科学精神。南宋以来，金华学派“经世致用”

理念深入人心，金华人将其融入求真务实的科学治水当中，完成了浙江省第一座由地方开工修建的中型水库——金兰水库，从此金兰平原的万顷良田得到灌溉。

三是自力更生的水电精神。中华人民共和国成立伊始，面对一穷二白的发展局面，金华机械厂自主生产出我国第一台750千瓦冲击式水轮机，金华双龙水电站是当时全国落差最大的水电站，金华人民开创的“自力更生、艰苦奋斗”小水电精神受到毛泽东主席的充分肯定。国内22个省份及105个国家的水电代表前来考察学习，以双龙水电站为代表的金华小水电引起世界瞩目，自力更生的水电精神激励着一代又一代金华水利人。

四是勇于开拓的创新精神。在古代农耕社会，水是非常重要的农业生产资源。在漫长的金华治水史上，八婺儿女从不缺乏开拓创新的精神。东汉辅国大将军卢文台创造性地运用“以潭筑堰蓄水，开渎引水灌田”的方法，从此“每岁田禾无旱日”，1900年后金华因此有了世界灌溉工程遗产白沙溪三十六堰；南宋时期，王槐根据义乌当地的地形建造蜀墅塘，成为中国古代水库的鼻祖；2000年11月，义乌和东阳完成全国首例跨城市用水权交易，开中国水权交易之先河……

“婺女星边气不秋，金华山水似瀛州”，在不同的历史时期，金华水文化的内涵随着时代的变迁而不断延伸，穿透历史的尘埃，历久弥新，激荡时空。回溯万年上山、千年白沙，浙中大地的每一次山水之变，都见证了金华先民的勇气和智慧；展望浙中崛起、百年变局，伟大复兴的新征途上，必将留下金华儿女尊崇自然、山水相融的精彩华章！

从2020年开始，金华着手开展水文化遗产调查，至2022年已调查确认重要水文化遗产517项。本次全面梳理金华重要水文化遗产，充分展示水文化遗产的工程风貌和功能作用，挖掘工程背后的人文价值和思想价值，旨在打造一批水文化地标和精神标识，讲好金华水文化故事，激发强大的文化自信，为文化金华注入新的发展动能，让更多的人为“浙江之心”动心。

白沙春水

〔明〕杜 桓

白沙春水镜光清，水面无风似掌平。
春暖锦鳞吹细浪，晚晴黄莺啭新声。
烟堤绿树人家小，云渚斜阳钓艇横。
三十六渠饶灌溉，秋田万顷仰西成。

水工精粹

——婺水遗萃泽千年

引言

2000年，一袭遮掩金华浦江上山遗址的神秘面纱被揭开，“万年上山、世界稻源”走进大众视野。上山是世界稻作农业的起源地，上山文化是中国农耕村落文化的源头。三国时期杨泉《物理论》说“稻者溉种之总名”。聪慧的华夏先民自古便知农田灌溉是稻得以“解渴”的重要手段，于是各朝各代筑堰蓄水、引水灌田成为常态。

金华旧时灌溉农田主要依赖山溪天然水源，拦溪筑堰引水到田。所建堰坝多为卵石垒砌，屡垮屡修，至今多数已荡然无存，少数经后世改建、重建，也非原来面目，但在历史上曾发挥十分重要的灌溉作用。始建于东汉、跨时近200年陆续修筑而成的白沙溪三十六堰是川流不息、惠泽千年的水利丰碑。它的修筑使原来易淤易决易旱的白沙溪流域农田，成为自流灌溉、旱涝保收、沃野数百里的粮仓。争讼不断的千年古堰——洲义堰以其兴建时间之早、工程规模之大、受益范围之广，并且所涉讼案之多、管理制度完善、影响久远，在东阳水利史上具有重要价值。自唐修筑，元、明、清屡经修复，最终使用至1978年的都督堰，见证了横店等南乡地区农业开发的历史。以“凿石一斗，酬钱一升”的代价组织施工而成的仓部堰，最终“水自溪底行，形如竹枝，上覆以石，溪水涸而堰水常流”。被誉为“东方莎士比亚”“世界戏剧大师”的清初著名作家、戏曲理论家李渔亲自设计和督工建造的李渔坝，单独设立排沙孔的设计精制而巧妙，可谓水利类文物的绝品。浦江独有、遍布全县，集引水、集水、蓄水、车水等功能于一身的“立体化”水利灌溉体系——浦江水仓具有灌溉、饮用、浣洗、消防、养殖等强大的功能，向世界展示了古老东方的治水智慧。

这些镶嵌在八婺大地上的明珠，千百年来解决了金华地区人畜饮用、农田旱灾、汛期水患等诸多共性问题。而留在人们记忆里的，还有它们在科学理念、形制创新等方面各有千秋。对于老百姓而言，它们不仅有着实用功能，更承载了国泰民安、风调雨顺的安定富足之梦。

在金华，还有很多“梦开始的地方”。

金华湖海塘工程掀起了全国第一波小水电建设热潮，拉开了新中国金华治水事业的序幕。有着2000多年历史的金华，真正迎来了电的时代。金华双龙水电站是金华第一座装机500千瓦以上的引水式、高水头电站。它的成功运行推动我国小水电进入了一个史无前例的发展高峰期。

遍布金华各地的堰坝、水库、电站既是金华水利事业的发展成果，是润泽一方的重要依托，更是金华地区社会经济发展的重要引擎。端坐于诗意的河流之上，流淌在千年的时光之中，金华域内的诸多水利灌溉工程早已融入人们的生产生活之中。

“记得年少骑竹马，转身已是白头翁。”时至今日，它们中有的依然巍然屹立，造福于民；有的则像一位位饱受风霜、历经世事的老者，用一砖一瓦、一机一钻向后来者诉说曾经的光辉与奋斗。

白沙溪三十六堰（东汉）

世界灌溉工程遗产

白沙溪三十六堰位于浙江省金华市婺城区白沙溪上，据传东汉建武三年（27）由卢文台率部首筑，此后百余年间，由卢文台部下、后人和当地乡民陆续修筑完成。白沙溪三十六堰，从最上游的沙畈堰到白沙溪注入婺江交汇口附近的中济

白沙堰现状

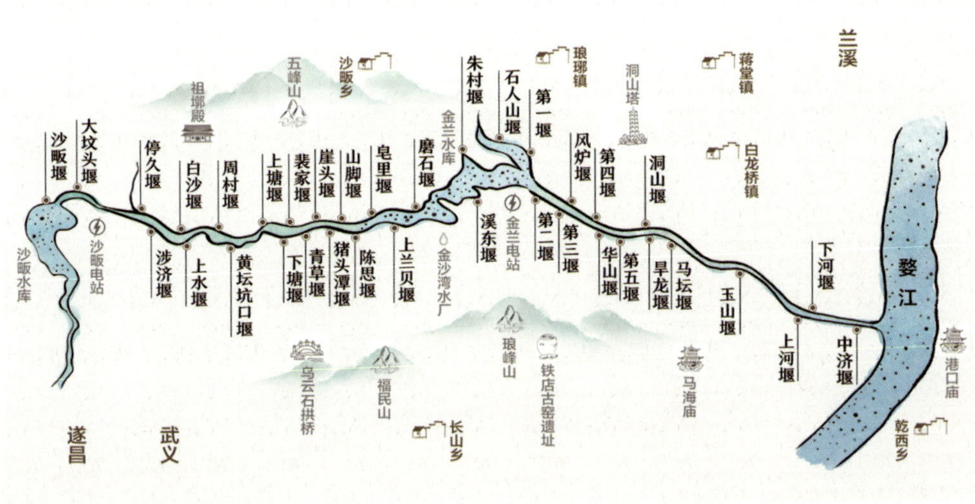

白沙溪三十六堰平面布局图

堰，横跨 45 千米，水位落差 168 米，是当时国内外罕见的拦水筑堰、引水灌田的长梯级引水工程，是一座兼具防洪、蓄水、水利加工等多种功能的堰坝群。明代赵崇善《白沙水利碑记》详细记载了白沙溪三十六堰的修筑缘由、功能作用及卢文台的历史功绩。

白沙溪三十六堰的修筑，使原来易淤易决易旱的白沙溪流域农田，成为自流灌溉、旱涝保收、沃野数百里的粮仓，为金衢盆地成为浙江仅次于杭嘉湖地区的第二大产粮区作出重要贡献，并奠定了金华在浙中的政治、文化和经济中心地位。历经 1900 多年，36 座堰中仍有 21 座古堰发挥着引水灌溉作用，灌溉农田达 27.8 万亩，在浙江金华国民经济和社会发展中具有极为重要的地位和作用。2020 年 12 月 8 日，世界灌溉工程遗产评选结果揭晓，金华白沙溪三十六堰正式进入世界灌溉工程遗产名录。

《读史方舆纪要》卷九三载：白沙溪“源出

白沙溪

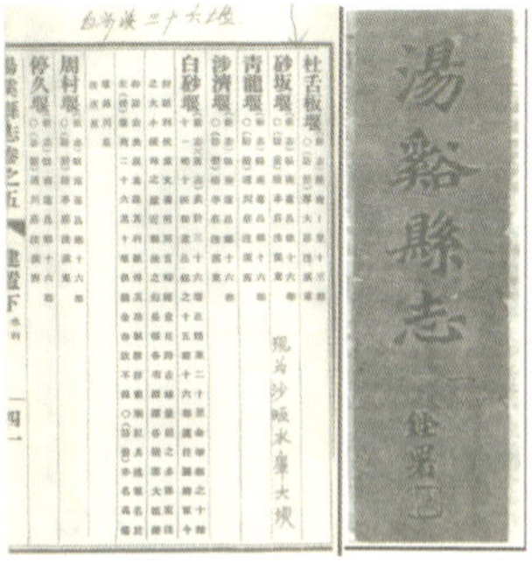
湯谿縣志

三十六堰史料

遂昌县山中，北流经县境，又东北至金华县界，入于南溪”。白沙溪旧名“白龙溪”，长 65 千米，发源于遂昌、武义两县界上的狮子岩，北流经门阵村入境，接纳银坑溪、大铺水、左别源等支流，流经琅琊镇、白龙桥古方村、新昌桥村，在乾西乡石柱头入婺江。据清代《昭利庙志》《金华县志》等史料记载，卢文台，幽州范阳（今河北定兴县）人，汉成帝末为步兵尉，后授骠骑将军。东汉建武三年（27），因不肯归顺王莽篡权而建的新朝，率部 36 人从宜阳退隐到白沙溪上游的辅仓亭久。那时白沙溪长时间疏于治理，晴旱雨涝，两岸农田经常颗粒无收。卢文台不忍农户生存艰辛,决心治理白沙溪。从永平三年（60）开始，卢文台最早运用“以潭筑堰，引水灌田”的方法，在白沙溪上筑堰。他带领部将昼夜不歇，溪地打桩，竹笼填石，石块垒砌，终于建成三十六堰的代表堰——白沙堰，使得白沙溪成为

风炉堰现状

万顷良田的灌溉源泉。

宋代名相王淮游览白沙溪后作《白沙溪遗兴》，其中有句曰："白沙三十有六堰，春水平分夜涨流。每岁田禾无旱日，此乡农事有余秋。"赞赏白沙溪灌溉功能的强大。明朝汤溪建县时，首任县令宋约写有一首《无题》："当年辅国有奇功，勇退归山作卧龙。不向生前承帝宠，却从殁后拜侯封。巍巍古相临清渚，寂寂遗踪对碧峰。三十六湾溪堰水，至今利泽未曾穷。"盛赞卢文台治水的丰功伟绩。

卢文台首建白沙堰，再建停久堰，"以潭筑堰蓄水，开渎引水灌田"和"一字形篾笼堰"的筑堰法为其他三十多座堰的修筑提供了丰富的实践经验。此后两百年间，白沙溪单一水系上的超级群堰逐渐展露身姿。

卢文台率众筑堰

在位于琅琊镇山后金村东，燕山脚下与乌龟山之间的千年角潭处，有一堰名为"第一堰"。该

第一堰现状——金兰水库大坝

堰建于三国吴嘉禾年间，为三十六堰中最后建成的一座堰，原高 4 米，全长 60 多米，是三十六堰中的最大堰，称得上江南水利的第一堰，于三国吴赤乌元年（238）开渠放水，山后金、琅琊滕、琅琊徐、白沙卢等 22 个村受益，3 万余亩农田得到灌溉。

三十六堰从沙畈堰开始到中济堰终止，从东汉永平三年（60）兴建白沙堰开始，到三国吴赤乌元年（238）第一堰开渠放水，前后经过 178 年。三十六堰的初始设计、定址、组织等工作都是卢文台亲自制定实施的。以后多年间，白沙堰屡毁屡建，当地人就地取材，以松木打桩、篾笼装石

卢文台墓

等方式砌筑。低矮的堰坝形态，配合梯级的建设方式，极大降低了施工难度和工程风险。

卢文台死后葬在亭久村，卢文台墓也叫昭利侯卢公墓，原名“隐圣丘”，大概与卢文台隐姓埋名有关。其墓碑上刻着“敕封昭利侯卢公之墓”的碑文。墓左右有“创开圳道，驰名东汉”“隐退辅仓，施泽吴邦”等对联。该墓在清道光四年（1824）曾经捐修，道光二十四年（1844）刊碑铭云：“汉故将军卢公之墓，琅琊徐清臣建。”现墓为光绪二十二年（1896）仲冬吉日所立。其墓葬已被公布为市级文物保护点，常有当地百姓去墓前祭拜。

卢文台墓石碑

为纪念治水英雄卢文台，婺城人在延绵的白

祖埽殿

沙溪沿岸修建了大大小小100多座庙宇，如琅琊白沙庙、祖埽殿等，老百姓都喜欢称他为“白沙老爷”“白沙大帝”。

琅琊白沙庙位于琅琊镇琅琊徐村。白沙庙自三国吴赤乌二年（239）始建，1700多年来文脉沿袭，代代相传。三国吴黄武四年（225）三月，白沙溪上游发洪水，祖埽庙香炉漂到白沙卢村。当地百姓感念卢文台创建三十六堰后岁岁丰收的恩德，奏请吴王孙权建白沙庙，孙权准奏。村民遂在白沙卢村边建白沙庙，是为金华最早的庙宇，1996年12月被列为金华县文物保护单位。

祖埽殿坐落于亭久村边，建立至今，经过多次重修重建，已经无从查考。现今的祖埽殿为前后两进，每进各三间，占地500平方米。开八字大门，中间置穿廊。后进中间塑白沙老爷神

白沙老爷像

第三堰现状

像，殿上檐悬“白沙大帝”“昭利侯”“武威侯”匾额。庙柱有对联，其中一副为“东汉丰功，堰开三十六；南虞胜境，会逢甲子年”。祖埭殿于2004年被公布为金华市文物保护点。

白沙溪三十六堰的修建，改变了白沙溪两岸原有的环境条件，使浙中白沙溪两岸成为土壤肥沃、连年丰收的风水宝地。三十六堰的修建使婺城成为自流灌溉、旱涝保收、沃野数百里的粮仓，为金衢盆地成为浙江仅次于杭嘉湖地区的第二大产粮区做出重要贡献。

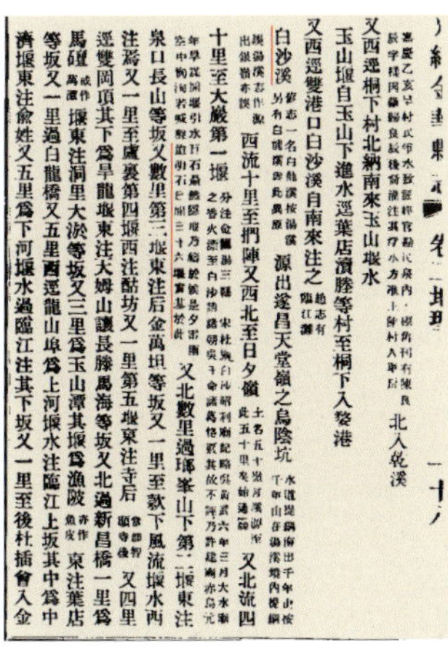

又西逕桐下村北納南來玉山堰水 北入乾溪
玉山堰自玉山下進水逕葉店濆塍等村至桐下入婺港
又西逕雙港口白沙溪自南來注之
白沙溪 源出遂昌天堂嶺之烏陰坑
西流十里至捫陣又西北至日夕嶺 又北流四
十里至大巖第一堰 又北數里過瑯峯山下第二堰東注
泉口長山等坂又數里第三堰東注后金萬坦等坂又一里至款下風流堰水西
注爲又一里至盧裏第四堰西注酤坊又一里第五堰東注寺后 又四里
逕雙岡頂其下爲旱龍堰東注大姆山讓長滕馬海等坂又北過新昌橋一里爲
馬磧 堰東注洞里大淤等坂又三里爲玉山潭其堰爲漁陂 東注葉店
等坂又一里過白龍橋又五里西逕龍山埠爲上河堰水注臨江上坂其中爲中
濟堰東注俞姓又五里爲下河堰水過臨江注其下坂又一里至後杜插會入金

光绪《金华县志》关于白沙溪的记载

洲义堰（东汉）

圣旨颁布用水制度的古堰

洲义堰又名洲姜堰、金塘堰，位于歌山镇上蒋行政村，始建于东汉兴平二年（195），是有史料记载的东阳最早的水利设施，也是金衢盆地最古老的水利工程之一。洲义堰以其兴建时间之早、

洲义堰现状

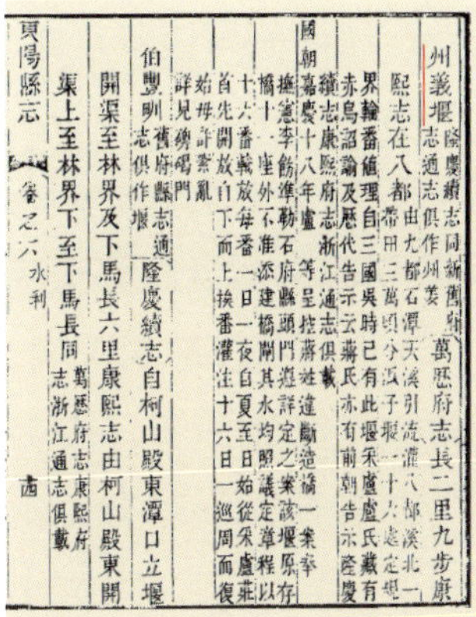

道光《东阳县志》关于洲义堰的记载

工程规模之大、受益范围之广、所涉讼案之多、管理制度之完善，影响久远，在东阳水利史上具有很高的地位和重要的价值。

道光《东阳县志》载，洲义堰由九都石潭天溪引流，灌八都溪北一带农田3000余亩，有支渠16条。现堰体南北走向，长约80米，宽10米，高3米，灌溉主渠长6千米，经上蒋、下蒋、船头、后前、登干、骆店、白泥坎等村庄，终点至城东街道寀卢村。

洲义堰灌溉范围较广、关涉利益众多。当地人视洲义堰为生命线水渠，周边村落历来水事纠纷频繁，更有甚者，一些村落村民学拳练武，以示保卫之力量。其中，既有灌区村民之间的纠纷，又有灌区与非灌区村民的矛盾。为调解、制止纠纷，历史上中央政府、地方政府多次颁布用水制度。有清《洲义堰碑》记述：“国朝嘉庆十八年，贡生卢等呈控蒋姓违断造桥一案，奉抚宪李提省委讯议详，奉批如详饬遵，仍令给示勒石永禁，取具碑摹送查。如蒋姓再敢违断滋讼，即行究办，以警刁风。并据贡生卢等呈请给示严谕，并赐绘图勒石府县头门，永杜争端。又以水期多寡不公，呈请更改，经本府核明具详，奉宪批准，仍令勒石永禁，以杜争讼各等因到府。除行县遵照一体给示外，合行勒石永禁。为此仰绅民人等知悉，嗣后遵详定之案，该堰原存桥十一座之外，不准添建桥闸，俾水畅流，其水均照后列议定章程，以十六番轮放，每番一日一夜，自夏至日为始，从采（即寀）卢庄首先开放，自下而上，挨番灌注，十六日一巡，周而复始，永远遵行，毋许紊乱。本县每年于夏至日前开明各庄挨放日期，先行出示晓谕，俾各遵循！自示以后，倘有违断紊规，不照定期开放，或有添设桥闸者，许即指名具告，以凭究办。”据有关史料记载，保护洲义堰的亦有皇帝圣旨：“理婺州路东阳县切照：本县该管十四都乡、六十八都，地阔民稠，各处蓄水，灌溉田禾，以为岁计。岂期农夫不思有无承获水利，朝暮看实，乘隙车戽。稍有争竞，动以十数为群，恃强凌弱，轻则毁骂，重则致伤，实非安家之本。若不严加禁约，深为未便。合行出榜晓谕，即仰当该社长叮咛告诫人民，各安农业，如遇灌溉田禾，依理车戽，毋得妄起争端，紊烦官政。如有违犯之人，严行追断。当该社长告戒，社长告戒不严，实行治罪。所有榜文，须至出给”（录自《安溪长堤卢氏宗谱》，不载年月帝讳，从“婺州路”及“社长”字样观之，似系元代所出）。

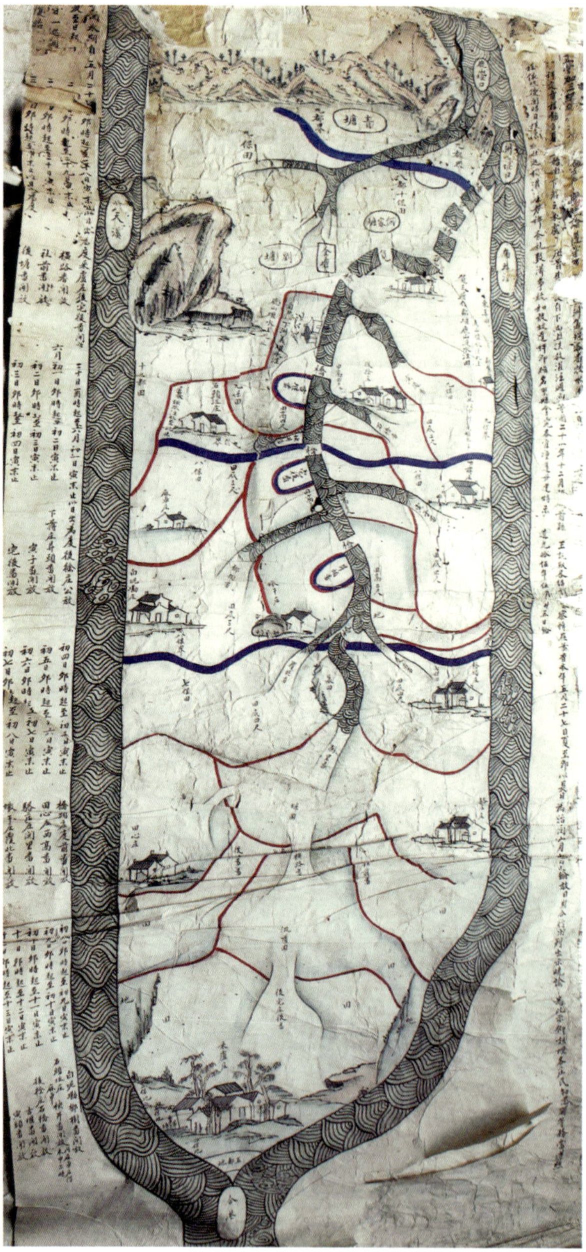

东阳洲义堰派水图

岁月流转，跨越千年。洲义堰在当地老百姓的生产生活中发挥了巨大作用，至今仍在使用。但因水而生、饱经风霜的洲义堰多受江水冲刷，堰址曾几度变动，堰体也多有修建改变。1970年，

奉宪饬勒洲义堰碑记

用浆砌块石重建。1987 年，堰体加高，渠首设启闭闸门。1995 年，渠道全线改造，在为期 6 年的改建完成后，寀卢村、骆店村等灌区 7 个村的用水紧张问题得到有效解决，彻底告别了过去争水的现象。1999 年，用钢筋混凝土重建堰坝，现在灌溉着城东街道和歌山镇 4000 多亩农田。

洲义堰完成改造后，人们在堰旁建造了一座功德亭，并新立《洲义堰碑记》："江流横绝，湍波直注，古堰截流乃兴平置县在后。先人伟业，亘古不朽。明洪武廿九年（1396），首开榜谕，钦定水期，自下而上轮番灌注。十九日为一巡，周而复始，历四百余年。至清嘉庆十九年（1814）仁宗皇帝颁旨明谕，每年夏至日始，自下而上轮流灌注，十六日为一巡，周而复始，并于府县头门勒石永禁。嗣后榜谕迭出，水期堰法照旧。"

都督堰（唐）

都督务实清廉 渠水福泽千秋

都督堰位于东阳市横店镇禹阳社区三景头小区八面山西北山脚，俗称社陂潭，为唐朝容州刺史厉文才创修。唐开元年间设容州都督府，

都督堰遗址引水渠进水口

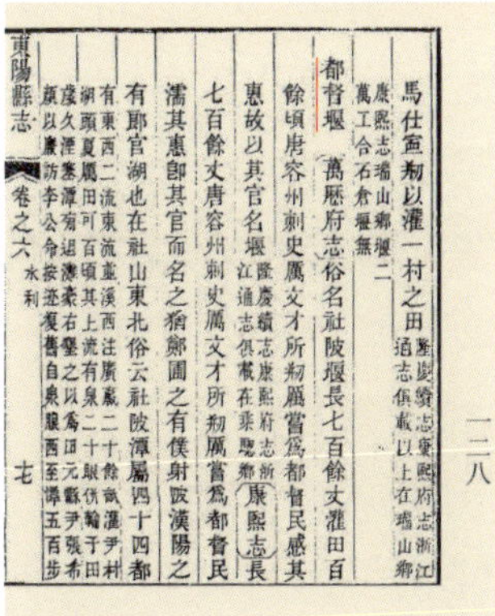
一二八

馬仕宣剏以灌一村之田乾隆續志康熙府志浙江通志俱載以上在塘山鄉

康熙志塘山鄉堰二萬工合石倉堰無

都督堰萬歷府志俗名社陂堰長七百餘丈灌田百餘頃唐容州刺史厲文才所剏厲嘗爲都督民感其惠故以其官名堰乾隆續志康熙府志浙江通志俱載在乘驄鄉康熙志長七百餘丈唐容州刺史厲文才所剏厲嘗爲都督民濡其惠即其官而名之猶鄭圃之有僕射陂漢陽之有郎官湖也在社山東北俗云社陂潭屬四十四都有東西二流東流盡溪西注廣巖二十餘畝灌尹村湖頭夏厲田可百頃其上流有泉二十眼供輸于田歲久湮塞潭有退淥秦右壁之以爲田元縣尹張希顔以廉訪李公命按迹復舊自泉眼西至潭五百步

東陽縣志 卷之六 水利 七

道光《东阳县志》关于都督堰的记载

厉文才任刺史兼任都督。道光《东阳县志》载，唐贞观二年（628）岭南都督厉文才辞归，在八面山北修长数百丈渠堰，引东阳南江之水灌溉湖头、夏厉田达百顷，民感其惠，故名“都督堰”。都督堰是东阳南乡最有名的古代水利设施。东阳南江盆地以黄壤为主，缺水则板结干裂，无法垦殖。有了水，土壤才得以改造。都督堰自唐修筑，堰渠原长700余丈，灌溉尹村、湖头、夏厉市等村田数百顷。元代县尹张希颜受命按迹复旧，明代县令缪樗再修复之，清顺治年间邑庠生汤鼎、厉柏堂又组织人员开浚复通。都督堰最终使用至1978年，因南江渠道实现自流灌溉而逐渐失修。到1988年，堰已不存，渠道仍在。1300年来，都督堰的渠水潺潺奔流，使八面山西南的大片田地远离旱魃的威胁。都督堰是横店等南乡地区农业开发的历史见证，千百年来对该地区的社会、经济发展发挥着重要作用，有着深厚的人文价值和较高的文物保护价值。

时至今日，都督堰渠道也只剩石狮桥南端一小段，并且被埋于地下，类似涵洞，长7.65米，高2.53米，宽2.4米，用八面山火山石砌叠而成，断面呈圆拱形。

厉文才（606—683），字日新，一作安世，号蓉州，东阳夏厉墅人。唐贞观元年（627）进士，是东阳历史上最早的进士，那时全浙江仅出四名进士。厉文才是东阳各族子孙学习的楷模。他任职容州期间，以清正廉洁深得地方士民爱戴。他治军严明，南疆多有象牙、犀角、珍珠、玳瑁等珍宝，军中将士不贪一毫。他不恋高官厚禄，视权贵如浮云，莅职期年，乐思退居，乃言曰：“东阳（此处之东阳为旧郡名），我之故里也……桑梓尽在，何可忘之！”即以怀念故里、雅爱林泉为由，再三拜表，陈情归乡。唐太宗见难以挽留，同意他辞官归里。在封建社会，正当皇帝眷顾，仕途一片光明之际，他却能急流勇退，确非常人能及。

关于厉文才修筑都督堰的事迹，历史上也多有记载。厉氏宗谱中《唐刺史公夏厉碑记》《夏厉

都督堰遗址引水渠道内部

厉文才

都督堰碑记》《都督堰记》《严禁掘运堰石公示》《都督堰——明洪武间二十六世孙用纲重修》等均记载厉文才其事。

长安堰（唐）

首个引水入城的浙中古堰

谁都懂得人离不了水，当代的用水保障有赖于遍布各地、大大小小的水库，那么在尚未出现水库的古代怎么办呢？我们祖先的办法之一是兴筑堰坝、截流引水，用于灌溉农田和日常生活。唐代武义，就有这类永垂青史的水利建设成就，著名者如载入《浙江通志》的长安堰，它解决了武

长安堰存留涵洞口

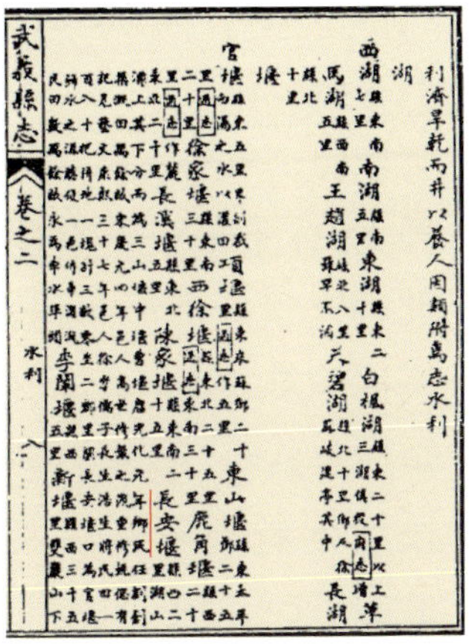

嘉靖《武义县志》关于长安堰的记载

义置县以来的县城用水难题。

在古代，县城的位置一定是选在境域内的最佳之地，武义也是如此，背靠壶山，前临熟溪，可谓山环水绕的宝地。然而，熟溪的位置偏南，只是擦城而过，城区缺乏自流水源。随着县城居住人口不断增多，靠几眼水井，越来越不能满足用水需求了。一旦遭遇火灾，更是远水扑不了近火。若是熟溪枯水期，更是叫天天不应，叫地地不灵。自建县以来，一个“水”字，困扰着城里的历代官民。

开创吴越国的钱镠，致力修建海塘、普造堰闸，大兴水利建设。或许是受到启示，武义县城有个名叫任留的人，出来解决县城用水的难题。唐光化元年（898），他发动乡民，在熟溪上游建设堰坝。

对于长安堰的位置，嘉靖《武义县志》载：“在县西二里，湖山潭上”。湖山，是城北壶山的古名，湖山潭在山之阳。南宋武义进士汤觉曾赋《咏湖山》诗：“势若龙蟠镇武城，昂然南据碧湖深。层颠忽有朝云冠，能慰邦人望雨心。”诗中“碧湖深”就指湖山之南的湖山潭，明代后期改称壶山。明代义民徐进九曾建造湖山潭桥，附近还曾建有湖山坊。

唐代的熟溪，过湖山潭再向东流，长安堰就建在湖山潭的出口，拦水入城。对此，明代武义知县黄春在《长安堰记》中说：“武义有长安一堰，在县西三里，积始于湖潭，发源于书台，汇流于熟溪。”

当年任留带着乡民，也带着引水入城的渴望，趁熟溪干枯断流的时候，在选定位置的河床，横

长安堰出水口遗址

向深挖至岩，倒入黄泥夯实坝心；再以块石垒砌坝面，截挡溪水，抬升水位；然后，在堰坝北端开设一道引水口，开挖一条二三里长的明渠通至县城。这样，熟溪之水就乖乖流入县城。城区水渠支分山堰、中堰、曹堰三道，通达城区各坊。穿城而过的水，再延流至城北的农田。

可以想象，当熟溪之水首流入城时，大人拿着盆瓢争先舀水，小孩互相泼水嬉戏，该是多么欢呼雀跃。

这一在武义空前壮观的水利工程，被命名为“长安堰”，寄予长润久安的厚望。正如知县黄春在《长安堰记》中所说：“统之名长安，盖取其有备无患，而福斯民于无穷。延袤地里千余，灌溉稻田百万，其利亦博矣。”

自从有了长安堰，武义县城的渠网清水盈盈，成为县城生活与防火的主要保障。出城之水灌溉县后畈万余亩农田，得保庄稼丰收。“有水则岁熟”，熟溪因此得名。后人感念恩公任留，在长安堰附近建了一座任公庙，历代祭祀。

当然，水利工程的修筑并非一劳永逸。南宋时，长安堰损于“雨骤水荡”，由邑人高世修、叶之茂倡导修复。当时的武义县丞姚偲写了一篇《重修长安堰记》，乡民则在任公庙里增设了高、叶的塑像，一同享受民众的奉祀与爱戴。

长安堰

在明嘉靖年间，知县黄春见长安堰渠道“深广者狭隘，流通者壅塞”，组织修复堰渠，事成之时写了《长安堰记》，并赋诗《踏长安堰》。

清代和民国时期，长安堰也得到乡人的呵护。据1941年统计，当时长安堰出城之水灌溉的农田达8983亩。这一水利工程，直至20世纪90年代初，仍然发挥重要作用。

到了县城开通自来水、县后畈建成新城区之后，长安堰功用不再，1100岁左右的古堰终于完成了历史使命。经后人修砌的长安堰涵洞口，将成为永久的存念；开创长安堰的任留及其后继者，也永远名垂青史。

仓部堰（唐）

钱塘江流域兴建最早的潜涵

仓部堰是一个因堰而名的村庄，位于武义县城东南的清溪口水库边上。该村有一条建于唐代的地下集水廊道，叫仓部堰，村旁还有座叫仓部公殿的小殿。仓部堰是钱塘江流域见于记载兴建最早的潜涵，它的建造者就是唐代仓部侍郎徐镃。

仓部堰明渠

徐镃（870—903），东皋村人，20岁时被荐任仓部员外郎，一年后提任仓部郎中，5年后晋升为仓部侍郎。在仓部任职十余年间，他刚正不阿，秉公无私。唐末时，帝国已名存实亡，节度使拥兵自重，这让将被调任为兵部侍郎的徐镃，对官宦前程失去信心，面对高官厚禄，却请求辞职归里。

昭宗皇帝念徐镃政绩卓著，有功于大唐，一再挽留，见未改去意，就给他加封国子监祭酒，加食邑五百户，并赐给九旒和紫金鱼袋，还赠诗一首：“解组归田履舄轻，天将五福畀康宁。四朝人物推耆旧，万古清风在典型。郊野亦能知有道，朝廷久欲访遗

现存仓部渠出水口遗迹

经。帝城此后瞻依近，长傍南弧望极星。”徐镃带着盖有玉玺的御赐《仓部公徐镃官像画》，回到了故土。

东皋村边的清溪，源于武义与缙云两县交界的雪峰山，数十里水脉、数十条峡谷汇流而入，溪床淤沙高积，水发会泛滥两岸，水小则潜流于溪底，沿岸之民苦不堪言。徐镃回到老家正遇大旱，清溪干涸断流，看到两岸稻禾枯焦，他的心更焦。他通晓农桑史，或许还研究过李冰“深淘滩、低作堰”的治水经，酝酿出一个治理良策：在清溪底筑涵瀛，岷江的都江堰能无坝引水，清溪的涵瀛可以溪底引水。

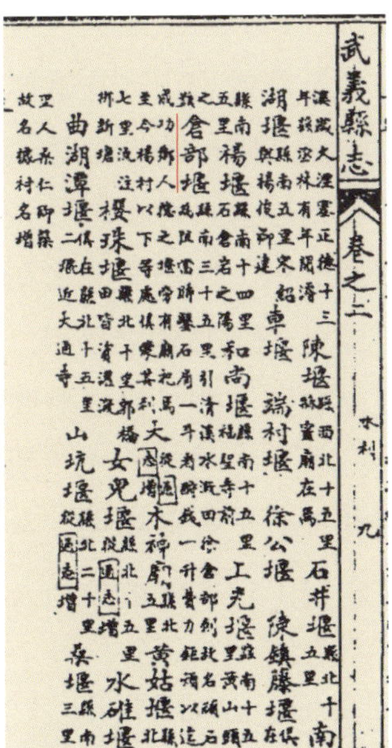
武義縣志 卷之二 水利 九

嘉庆《武义县志》关于仓部堰的记载

嘉庆《武义县志》载：兴筑此堰时，“顽石为阻，当时凿石屑一升者，酬钱一升，费力巨烦，以迄成功。”他捐出带回来的俸禄当工程款，发动清溪两岸的乡民，在溪流出峡谷入平原的山口，挖开溪床沙砾卵石，直到见岩，用石块在溪底砌筑一道方形的涵瀛，作为集水廊道；中间是一条主瀛，高二三米，两侧砌以石墈，上面铺盖石板，再用凝泥封顶；主瀛的上游段两侧共设18条支瀛，分别延伸到各条山凹，形似竹枝，集引山坑的潜流之水进入支瀛，汇入主瀛，再以明渠分流到村

由仓部公庙改建的徐镃纪念馆

头田间。

然而，在施工中遇到了难题。从主瀛到分流的渠道，必经西山脚一大片凸起的岩山，它就似一只庞大的石虎，挡住了去路。唯一的办法是人工凿岩，硬开一条涵道。可以想象，对于唐代先民来说，这是多么浩繁艰巨的事。炸药的使用在宋代之后，此时凿岩开山仅凭一双双血肉之手啊！

开凿坚硬岩山还需要巨额的工酬。徐镃是铁了心，倾尽家财，以“凿石屑一升，酬钱一升”的代价组织施工。由于凿岩开渠的工程量极大，竟然花去了上万个工日，这座岩山后来就被当地人称为“万工山”。

岩硬，终究硬不过徐镃那钢铁般坚定的心。有志者事竟成，经过3年多的时间，这座堰坝终于完工。地下水渠18条，灌溉刘宅、王山头、官田、

宗谱中的徐镃画像

巩宅等沿线近 20 个村庄的 2000 余亩农田，并供人畜饮水，沿用至今。

对于这一巧妙的引水工程，《武川备考》记载：“堰水自溪底行，形如竹枝，上覆以石，溪水涸而堰水常流。”分流瀛水到各村的明渠，大体沿清溪至县城古道的走向，西支至黄毛山村，东支经杨村到刘宅转至王山头村，西线通达官田、张宅、叶墙头、新屋等村，可灌溉农田和供人畜饮水。

这一水利设施，设计科学，技术含量不凡，是钱塘江流域见于记载的最早的潜涵工程，至新中国成立时，灌溉面积仍达 2000 余亩。

徐镃兴修水利为民造福，乡民怀念其恩德，将这一涵堰称为“仓部堰”，堰旁劳工集住过的村落称为“仓部堰村”，村旁盖了仓部公殿，尊称他为“仓部公”，东皋村曾建有仓部庙，徐氏家谱录有纪念徐镃的楹联。

这座仓部堰在 1958 年建造清溪口水库后被废，而珍贵的古存明渠仍作通水渠道。刘宅村东的平山存留古堰的一处出水口，村人称“瀛头”，如今依然流着来自溪底的清泉。这些遗存在 1998 年由县政府公布为文物保护单位。

木阛桥坑古陂群（元）

农田生产的生命线

中国最早见于记载的灌溉工程，是“陂”（春秋时孙叔敖所主持兴建的期思陂）。陂是古代农耕文化的记忆，伴随着古老的乡愁。其功能与堰类似，为截流蓄水的灌溉工程，有利于缓解干旱气候对

八十陂侧面全景

八十陂取水口

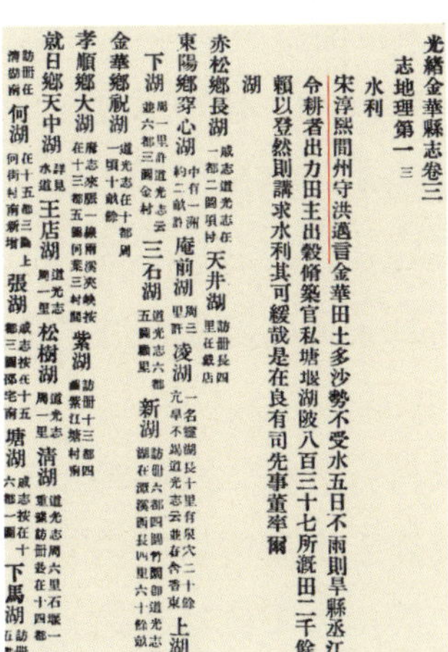

光緒金華縣志卷三
志地理第一 三
水利
宋淳熙間州守洪邁言金華田土多沙勢不受水五日不雨則旱縣丞江士龍令耕者出力田主出穀脩築官私塘堰湖陂八百三十七所溉田二千餘頃歲賴以登然則講求水利其可緩哉是在良有司先事董率爾
湖
赤松鄉長湖 天井湖
東陽鄉穿心湖 庵前湖 淩湖 上湖
下湖 三石湖 新湖
金華鄉䃂湖
孝順鄉大湖 紫湖
就日鄉天中湖 王店湖 松樹湖 清湖 交湖
何湖 張湖 塘湖 下馬湖

光绪《金华县志》关于金华地理环境的记载

农田灌溉的影响，也起到调蓄水资源，降低洪峰的作用。

东阳易洪易旱，干旱给人民带来的灾难极其深重，严重阻碍庄稼种植和粮食生产。农业社会时期，水利建设以满足灌溉为首要。独特的自然地理条件，决定了旧时东阳农田灌溉主要依赖山溪天然水源，拦溪筑陂，引水到田。

开“浙东学派”之先声的南宋理学家、文学家吕祖谦曾慨叹陂塘对金华地区农田生产的影响：“婺田恃陂塘为命。天不雨，尺竞寸攘，斗阋毙踣者相望。”光绪《金华县志》卷三记载：“宋淳熙间，州守洪迈言金华田土多沙，势不受水，五日不雨则旱，县丞江士龙令耕者出力，田主出谷，修筑官私塘堰湖陂八百三十七，所溉田二千余顷，岁赖以登然，则讲求水利，其可缓哉？是在良有司，先事董率尔。”

王陂

东阳南江支流木衢桥坑河道上修筑的灌溉工程皆称以“陂”，并且分布密集，形成了木衢桥古陂群。河道内自下游至上游分布着王陂、王头陂、茶亭陂、黄沙陂、枫头陂、八十陂、岗头陂等7座古陂。就地理位置来说，分别位于马宅镇王楼、屠梁、雅坑三村。各陂始建年代不一，最早的八十陂始建于元代，较晚的建于民国时期。古陂群的建设反映了该河流域农业开发较早，同时也对该地区人群、聚落、社会文化的发展演变有着重要的研究价值。

王陂位于马宅镇王楼村行政村，东侧为王陂山，北侧为城庄村。该陂处于木衢桥坑溪内，溪边农田以种植水稻为主。最初为干砌石头陂，被大水冲垮后，2019年重建为混凝土陂，灌溉面积100多亩。

王陂引水渠

王头陂

王头陂位于马宅镇王楼村行政村，与王陂相隔约 200 米，东北方向建有凉亭，西南侧为兰坞山。该陂于四周农田种植水稻和经济作物。原是干砌石头陂，2018 年改建成混凝土陂，灌溉面积 30 多亩。

茶亭陂

茶亭陂位于马宅镇屠梁行政村钟山自然村，与王头陂相隔约 2300 米，东南侧为前山脚，陂体东北方建有民国时期的茶亭桥。其横跨东阳江支流木衢桥坑。原为石头堆砌而成，现被改建成混凝土陂，灌溉面积 117 亩。

黄沙陂

黄沙陂位于马宅镇屠梁村，与王头陂相隔约 1000 米，诸永高速西侧约 100 米，西北为白旗山，左侧是农田。该陂因用黄沙建造而得名，重修时改为块石砌筑。陂体原长 18 米，高 1.2 米。后一半被洪水冲垮。现存陂长 10 米左右，于 2010 年

枫头陂

枫头陂引水渠

前后做了加固，灌溉面积 100 亩。

枫头陂位于马宅镇雅坑村外，与黄沙陂相隔约 1000 米，诸永高速东南侧约 10 米，横跨木衢桥坑，四周农田种植水稻、药材等。该陂由石块堆积而成，保存较好。《东阳市水利志》载，该堰原长 23 米，高 1.9 米，拦引木衢桥坑之水灌溉雅坑村的 113 亩左右农田。现长度大为缩减，长约 8.5 米，灌溉面积 100 亩。

最古老的八十陂位于马宅镇雅坑村东磐线国道西侧，与枫头陂相隔约 200 米，在乌九桥南侧约 60 米处，横跨马宅镇雅坑村木衢桥坑中，西南侧为农田，种植草莓、药材等经济作物，东侧为村民住宅。始建于元代，原是干砌石头陂，2018—2019 年修建成混凝土陂，灌溉面积 60 亩。

岗头陂位于横岩村西北方向、东磐线西侧，

岗头陂

与八十陂相隔约 600 米。初建时为块石垒砌，2013—2014 年左侧用石块加固。原长 19 米，高 1.8 米，灌溉 102 亩农田。现陂长 6 米，高 2 米，因村民种田减少，灌溉面积 20 多亩。

木衢桥坑古陂群是古代先人梯级利用水资源的智慧结晶，每一座古陂都承载着人们对美好生活的期许，不仅述说着前世的故事，也释放着今生的光华。

李渔坝（清）

『东方莎士比亚』的利民工程

李渔坝，原名石坪坝，位于兰溪市永昌街道夏李村，系清初著名作家、戏曲理论家李渔修建。该坝长 10 米左右，宽 1.6 米，高 3 米，用红条石砌筑而成，并设有边长 60 厘米的方孔用于排淤，设计精致而巧妙。逢旱时，流水全部从左渠绕伊山而过，滋润着大片农田；逢雨季时，多余的水会从

李渔坝

弧形溢水口奔泻而出，自高而低地跌落，水幕势如瀑布，声如雷鸣，成一大景观。更难能可贵的是，该坝至今仍灌溉着当地面积约300亩的农田。

李渔（1611—1680），字谪凡，兰溪人，有“东方莎士比亚”“世界戏剧大师”之称。自幼聪颖，擅长文词。明崇祯十年（1637），考入金华府庠为府学生。入清后，无意仕进。大约清顺治八年（1651）迁居杭州后，移家金陵（今江苏南京），筑“芥子园”别业，并开设书铺，编刻图籍，广交名流。康熙十六年（1677），复归杭州，在云居山东麓修筑“层园”。他曾设家戏班，至各地演出，从而积累了丰富的戏曲创作、演出经验，创立了较为完善的戏剧理论体系，成为休闲文化的倡导者、文化产业的先行者。

多才多艺的李渔虽不愿应举，也不愿做官，但他有着深厚的为民情怀。1646年至1649年，在家乡担任“祠堂总理”时，李渔就在家乡夏李村做“识字农”。兰溪多水，境内河流皆属钱塘江水系。但如何让家乡的水造福百姓？李渔倡议兴建了四处石坝，连接附近的两条溪流，开凿了三条堰坑，总长约3千米，环绕全村，使易旱的黄土丘陵地带形成“自流灌溉”，改善了农田水利，大大方便了村民的饮水、用水，百姓至今受益。据光绪《兰溪县志》记载：“昔渔尝于夏李村间凿沟引水，环绕里址，至今大得其水利。”《龙门李氏宗谱》对“文学笠翁公”此举也大加赞赏。后人把其中最主要的一处“石坪坝”称作“李渔坝”，以作纪念。

李渔雕塑

李渔热心公益事业，曾在家乡倡建“且停亭”，并题联曰：“名乎利乎道路奔波休碌碌，来者往者溪山清静且停停。”该亭也被列为“中国十大过路

李渔坝

凉亭”之一。李渔在乡下隐居三年，隐居生活的有趣、充实，大大地激发了他创作的灵感，人生因此而大不同。“天对地，雨对风，大陆对长空”，这是李渔《笠翁对韵》中起头的两句，语言充满趣味又富含知识，其流传度很广。李渔一生著述丰硕，数年间连续写出了《怜香伴》《风筝误》《意中缘》《玉搔头》等六部传奇及《无声戏》《十二楼》两部白话短篇小说集，倡编《芥子园画传》。其《闲情偶寄》是我国古典戏曲创作、导演、表演方面的第一部理论专著，至今为国内外学术界所重。

1989 年 12 月，李渔坝被浙江省人民政府公布为省级重点文物保护单位。据水利专家介绍，在江南水乡保留至今的古水利工程之中，单独设立排沙孔的并不多见，李渔坝可算得上水利类文物的绝品，是独一无二的典范。

石龟坝（三国吴）

永康立县配套水利工程

永康市，古称丽州。相传，三国吴赤乌八年（245），孙权之母因病到此进香，祈求“永保安康”。不久太夫人病愈，孙权大喜，遂赐名为“永康”，并单立为县。同年，建石龟坝。

华溪和南溪交汇处以下称永康江，主流全长12千米，浩浩荡荡由东向西流动。永康江的上游

石龟坝（三联坝）现状

石龟坝（三联坝）现状

被称为“南溪”，《读史方舆纪要》记载，南溪“源出缙云山中，北流入县境，绕县东南合李溪诸水，至城下与华溪合，西折而北合铜川诸水入武义县界，即南港之上源也”。光绪《永康县志》对南溪亦有记载：“南溪，源出缙云县土母山，上接丽水蜂窠岭之水，东流历贵溪、黄龙、石马，至黄碧入于县境。”

从地图上来看，这条南溪北上途中转了几个大弯。对此，在光绪《永康县志》中，可见如下描述：“转而东又转而北，至于前仓花园山之麓，水石相激，汇为仙延潭。又东北至于水峥岩，合李溪屈曲行岩石间，逆而西流，汇为石龟潭，其涯为林枢密别墅故址。转而东北，汇为天井潭，又转而西北至金胜山之麓，汇为石鳖潭。又西北至于儒学前与华溪会，相挟而西。”

这样一条蜿蜒曲折的河流，从古至今曾造成过不少水患。为了驯服、利用它，人们想过许多

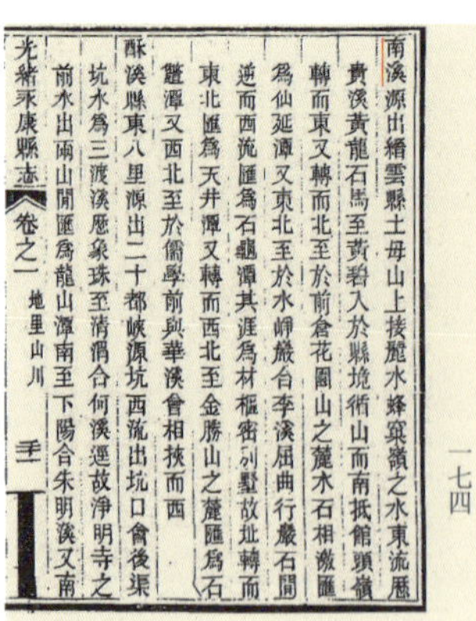

南溪源出縉雲縣土毋山上接麗水蜂窠嶺之水東流歷
貴溪黃龍石馬至黃碧入於縣境循山而南抵館頭嶺
轉而東又轉而北至於前倉花園山之麓水石相激匯
爲仙延潭又東北至於水崢巖合李溪屈曲行巖石間
逆而西流匯爲石龜潭其涯爲林樞密別墅故址轉而
東北匯爲天井潭又轉而西北至金勝山之麓匯爲石
鼈潭又西北至於儒學前與華溪會相挾而西
酥溪縣東八里源出二十都峽源坑西流出坑口會後渠
坑水爲三渡溪歷彔珠至清渭合何溪逕故淨明寺之
前水出兩山間匯爲龍山潭南至下陽合朱明溪又南

光緒永康縣志　卷之一　地里山川

一七四

光绪《永康县志》关于南溪的记载

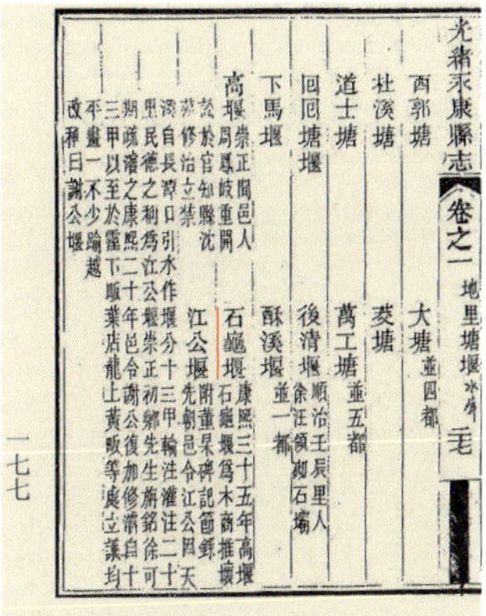
光緒永康縣志　卷之一　地里塘堰水利　毛

西郭塘　大塘 並四都

杜溪塘　葵塘

道士塘　萬工塘 並五都

回回塘堰　後清堰 順治壬辰里人余汪領砌石壩

下馬堰　酥溪堰 並一都

高堰 崇正間邑人周鳳岐重開　石龜堰 康熙三十五年高堰石龜堰爲木商推壞

訟於官知縣沈

葢修治立禁

江公堰 附董杲碑記節錄 先朝邑令江公因天

溪自長障口引水作堰分十三甲輪注灌注二十

里民德之祠爲江公堰崇正初鄉先生廝銘徐可十

期疏濬之康熙二十年邑令謝公復加修濬自十

三甲以至於靈下販葉店龍上黃畈等處立議均

平盡一不少踰越

改稱曰謝公堰

一七七

光绪《永康县志》关于石龟堰的记载

办法，留下了不少与之“较劲”的痕迹。三联坝便是其中之一。

2018 年版《永康水利续志》介绍：“1950 年县人民政府筹资将已毁坏的石龟坝、上十三甲、下十三甲合建一条堰，称三联堰。坝长 162 米，块石干砌，黄金泥填肚。……2017 年结合南溪整治，改建三联橡胶坝。”

这段介绍中提到的石龟坝（亦称“石龟堰”）是永康市最古老的固定堰坝。据《英山周氏宗谱》记载，三国吴赤乌八年（245）永康建县时，就修建了石龟坝。由于过去的堰坝多以卵石垒砌，以木桩固定，在流水长久的浸泡、冲刷下，很容易垮塌，因此，石龟坝在后世经历过多次重修。

唐大中年间，永康县令顾德藩为彻底改变永康一地的水旱灾害，经过科学设计，修造了南溪石龟、抚台、高堰三道堰坝。对此，正德《永康县志》记载，顾德藩“尝作三堰以防旱潦”。其中，石龟坝所在位置即如今的三联坝，采用“深淘滩，低作堰，弯截角，中抽心”之法，引石龟潭水，经溪心湖、金豚山东麓湿地，灌溉南苑畈、湖西畈、双锦畈农田千顷，南溪两岸百姓生活得到极大改善。

石龟坝开始被叫作“三联坝”则是在明嘉靖元年（1522）。这一年，永康县令江公再修石龟坝，并引水作堰，分十三甲轮流灌注，称“江公堰”，石龟坝始叫“三联坝”。如今的三联坝是一座橡胶坝。

斗转星移，多少世代变迁，南溪仍是那条南溪，“转而东又转而北”，蜿蜒曲折地流淌过永康大地。生活在南溪两岸的永康人，以堰坝为法，汹涌时疏导之，清浅时积蓄之，相较千年，相伴千年。

塘库

蜀墅塘（宋）

山地型水库的鼻祖

蜀墅塘位于义乌市佛堂镇后塘村，建于南宋淳熙十三年（1186），是我国乃至世界上最早的山地型水库的鼻祖，距今已有800余年历史。蜀墅塘面积约为30000平方米，坝址东接塘山，西接蜀山。东坝坝体土筑而成，长180米，坝基宽7米，高5米。两面斜坡，顶平，横部面呈梯形。水坝

蜀墅塘库区现状

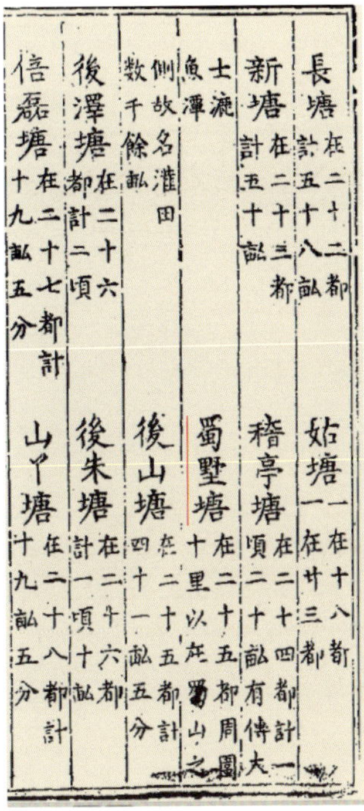

長塘在二十二都計五十八畝
新塘在二十三都計五十畝
士瀧魚潭
側故名灌田數千餘畝
後澤塘在二十六都計二頃
倍磊塘在二十七都計十九畝五分

姑塘一在十八都一在廿三都
稽亭塘在二十四都計一頃二十畝有傅大
蜀墅塘在二十五都周圍十里以在蜀山之
後山塘在二十五都計四十一畝五分
後朱塘在二十六都計一頃十畝
山了塘在二十八都計十九畝五分

万历《义乌县志》关于蜀墅塘的记载

人工堆筑痕迹明显，局部断面上可见明显夯筑迹象，现址东西砌宽分别为 18 米和 8 米，为溢洪道。塘堤中段建有人工放水的石砌井，起到调节库容和泄洪作用。西堤长 45 米，宽 3.6 米，高 2.5 米。

元代诗人金涓曾作《蜀墅头》云：“溪头自舒散，天淡夕阳微。拂石松边坐，看云水上飞。旧矶双鹭下，小棹一渔归。不觉吟成久，苔痕湿上衣。”描绘了蜀墅塘上夕阳西下、水云一色、小棹归舟的天人合一之境。明嘉靖《浙江通志》、万历《金华府志》、万历及以下《义乌县志》均有记载。万历《义乌县志》载：“蜀墅塘，在二十五都，周围十里。以在蜀山之侧，故名。灌田数千余亩。”嘉庆《义乌县志》有更为详细的介绍：“蜀墅塘，蜀山侧，周围四顷五十三亩，灌田数千亩。旧志水利云：‘东至蜀山，西至飞来山，南至小山，北至塘下洋，周围十里，在蜀山侧，故名。其塘小涧数条，流注其中，东南及西皆高阜，惟北面一堤障水，有飞来山卓堤边，实要其道。春水涨溢须大开两旁闸泄之，水势稍平即闭。’”

蜀墅塘的建设，得益于佛堂乡后塘村王氏先祖王槐。后塘《王氏家谱》记载：王槐，字植三，生于北宋元符二年（1099），出身于有“四世一品”之称的王氏名门，1151 年考中进士，历任大理寺卿兼翰林侍读学士，淳熙十一年（1184）86 岁时获准告老还乡，回到义乌后塘。回乡两年后，1186 年夏秋之交，义乌地区遭遇多年未遇的大旱，庄稼尽皆枯死。王槐打开自家粮仓，放粮赈济乡民，同时勘察周边山川地形，决心修建水利工程，从根本上解决灌溉用水问题。因修造蜀墅塘，王槐被宋理宗皇帝追封为“塘神”。

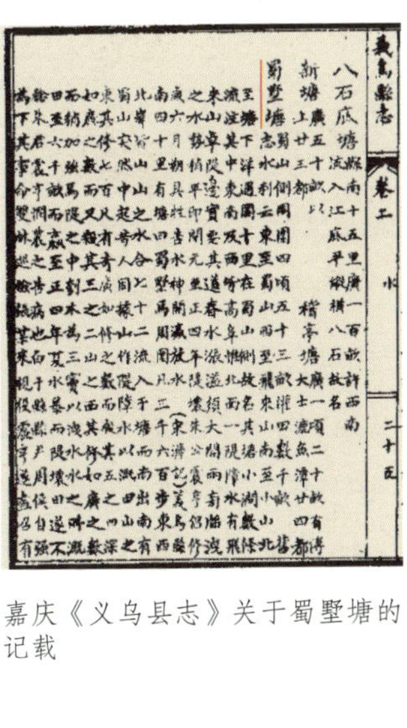

嘉庆《义乌县志》关于蜀墅塘的记载

除险加固后的蜀墅塘水库

王槐在永康籍好友“康侯”的帮助下，选择了蜀山，并利用蜀山边上一处飞来山三个山包呈梯形排列的地势，定址蜀墅塘的位置。王槐随后不顾年高，带领乡民捐资疏浚水塘，依山筑堤，东西凿石开斗门。水塘建成后四周总长 3600 步，大坝顶部可并行三辆车，同时还设闸门四座，四周四山七十二涧的水局部注入塘里，可灌农田 3 万余亩，水渠过处，沿途 10 余里农田受益。800 多年过去了，蜀墅塘仍然碧波荡漾，灌溉着下游地区田心畈、毛陈畈、倍磊畈的绝大多数农田。

蜀墅塘设计精巧，技术领先于同时代水利工程。蜀墅塘以飞来山作为天然屏障，靠山筑坝，选址合理，塘堤主体与飞来山呈 37 度角，以缓解流水对大坝的冲击。塘堤中段的底部建有人工放水用的硎井，可以根据下流用水需求逐级放水，设计和功能国内罕见。主堤东侧为东砌，宽 10 米，有巨

“塘神”王槐

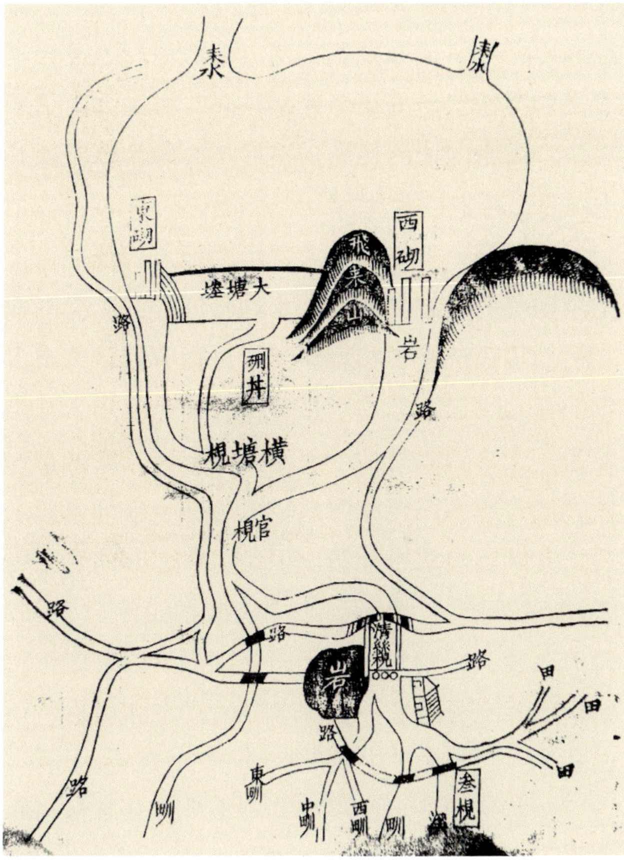

蜀墅塘古图

石五块，有四个泄洪口，泄洪口外是自然山体岩石，不惧水流。副堤在飞来山西侧，也在山脚凿石设斗门为西砌，凿成巨石四块，有三个泄洪口。

蜀墅塘下游灌溉分水系统发达，分为三梘九圳（引水槽和引水沟）。第一梘为横塘梘，位于主渠往下400米，砌井流出的水最先到达这里，现已经被蜀墅塘水库（建于20世纪50年代）淹没。第二梘为青丝梘，修建在两块天然巨大的红砂岩石中间，坝体为石块砌成，在岩石上凿渠分水，砌石为圳，水从三处分流。底部设有排沙口，用于排沙。中圳直通吴溪江，雨季可以泄洪。叁梘为典型的雨梁过水坝，西侧砌有出水口，便于旱季时灌溉，叁梘建有宋式石梁桥，是古时义乌往金华的主通道。

蜀墅塘各梘的梘口就是按照所灌溉的田亩，按照用水流量的不同进行建造的。例如在青丝梘，每圳的宽度、水平高度都与所灌溉的田亩有微妙的关系，各圳所计算的水流流量、受水农田面积、余水的分流等都有严格的区分，圳上每一块石头都不能轻易移动。

排沙和清淤一直是困扰水利工程的难题，而

蜀墅塘和都江堰异曲同工，因为设计得巧妙，历经 800 多年，仍在发挥作用。蜀墅塘坝底设计了涵洞和排沙口，每年冬天水枯时，村民都会牵来耕牛，在塘内来回搅动，然后打开排沙口，让淤泥流走，再进行蓄水。

蜀墅塘另外一个令人称道的地方，就是从古至今延续的一整套严格的水利管理方法。蜀墅塘由后塘王氏选塘长和理事十人进行管理，负责日常的蓄水和放管分水。每年二月清淤之后，开始蓄水，一直到六月初一放水前的三天，灌区各村鸣锣通告放水路线和时辰。六月初一祭拜王槐之后，开始逐级放水灌溉。但是，放水时间也可以机动，《王氏家谱》记载："放塘水定于六月初，倘天久晴，相应先放，天雨便闸板塞灜，宁可再祭再放，不可偷懒，致节水错过。"放水之后，下游各村何时放水，放多久都有详细的规定。

蜀墅塘建成后，一个又一个外姓从其他村庄迁到曾经几乎无人居住耕作的灌区，这一点从现在仍沿用的"塘西""塘边""塘角""塘下洋""塘下""田心"等地名就可以看出。蜀墅塘的影响力如今已经造福佛堂附近十多个村庄。佛堂成为义乌乃至金华旺镇，蜀墅塘功不可没。

庆元二年（1196）七月十五日，王槐无病而卒，享年 98 岁，葬于蜀墅塘西之原华安山。王槐筑建蜀墅塘"利及万人，恩周邻里"，而被宋朝皇帝御封为"塘神"，赐额"福惠群生"并以康侯配祀。

蜀墅塘还是一个文化之塘。宋朝"乌伤四子"之一的陈炳曾写下《蜀墅塘说》，这是历史上第一篇描述蜀墅塘的文章。元至正四年（1344）夏，家住附近的元名医朱震亨发现蜀墅塘北堤溃缺而倡

蜀墅塘水库泄洪道

蜀墅塘水库泄洪道

修蜀墅塘，并写下《重修蜀墅塘记》。而最著名的一篇莫过于明朝开国文臣之首，明初诗文三大家之一的宋濂所作的《蜀墅塘记》：

义乌县南四十里，有塘曰蜀墅焉，周围凡三千六百步。东西北皆岸山，山之水合七十二流入于塘而南出。南有蜀山突然中起，昔人因据山作堤，障水以溉田。山之东，其修七百尺有奇，广如修之数而杀其五之四，深如广之数而又杀其三之二。山之西，其修如广之数而稍加强焉。堤之中，刳木为三窦以泄水。水之所溉田，至六千亩而赢。

至正四年夏，水暴而堤坏，田遂不稔。丹溪朱君震亨悯农之告病也，白于县。县尹周侯自强为下其事，命双休巡检张某来视役。震亨遂尽召有田之民，履其亩而使之输其力，荐货有差，复出役夫之功一千，以为从倡。众悦趋之，一听震亨之经画。补其阙遗，增以崇高，筑其址，加辟而渐杀其上。堤之西垂，凿石为斗门，视水溢干而时蓄泄之。门之上，架徒杠以便行者。木窦易坏，则易以坚石，且定为高下之穴，使欲水者先后有程而不紊。复惧历岁之久而堤弗固也，请于掌堂事者，中析粥鱼之利而嗣葺之。凡用钱四千缗，夫一万功。经始于五年秋八月庚申，逾三月乃告成。

里耆朱仁杰等来谓濂曰："震亨之兴是役也，初无一弓之田以徼塘利，其夙夜尽瘁而不舍者，果何为哉？凡欲利吾农也，我不敢忘，愿吾子记之。"濂闻海陵胡公瑗之在湖学也，置经义治事之

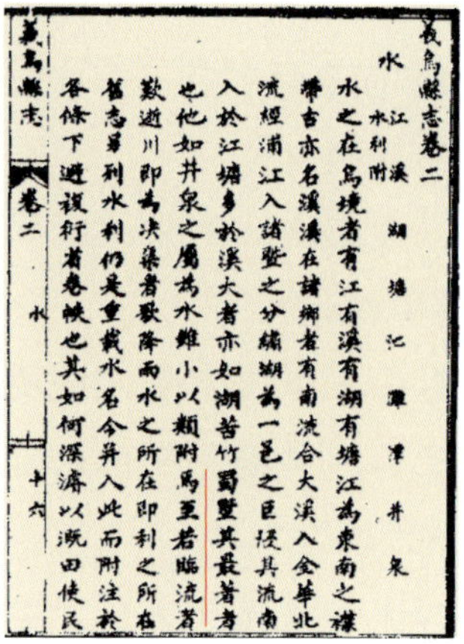

義烏縣志卷二

水（江 溪 湖 塘 汇 潭 津 井 泉 水利附）

水之在烏境者有江有溪有湖有塘江爲東南之襟帶古亦名溪溪在諸鄉者有南流合大溪入金華北流經浦江入諸暨之分繡湖爲一邑之巨浸其流南入於江塘多於溪大者亦如湖若竹蜀墅其最著者也他如井泉之屬爲水雖小以類附焉至若臨流者歎逝川即爲決渠者歌降雨水之所在即利之所在舊志另利水利仍是重載水名今并入此而附注於各條下避複衍者卷帙也其如何深濬以溉田使民

義烏縣志 卷二 水 十六

万历《义乌县志》关于蜀墅塘的记载

斋，教授诸生，至于水利之属亦无不习而通之，故其门人皆有适于大用。今震亨之学，出于金华许先生谦，先生之六世祖实尝从海陵游，其家学相传至先生为尤盛，宜吾震亨见诸行事者，有足观哉。

世之人方高谈性命以聋世瞽俗，听之虽若可以有为，一遇小利害，辄颠倒衣裳，不知所措。视震亨无所为而利民者，何如也，盍亦知所警哉！震亨字彦修，有长材，县尝下括田之令，唯震亨行之无扰云。

这篇文章记录了元代名医朱震亨组织百姓修复蜀墅塘始末，赞颂了他无私奉献的精神，还议论了水利作为经世实学的价值。新中国成立后，义乌市在蜀墅塘下游建坝蓄水，形成蜀墅塘水库。

骆家塘（唐）

骆宾王作《咏鹅》之塘

骆家塘，相传为骆宾王所住村庄里的一口塘，著名的《咏鹅》诗，便是骆宾王见鹅游于此塘，即兴而作。万历《义乌县志》载："骆家塘，去县北一里。旧传骆宾王居此，故名。"

据《义乌市水利志》记载，骆家塘坐落在稠城镇东北，东风村仓后路南，环城路西侧。塘面积

骆家塘现状

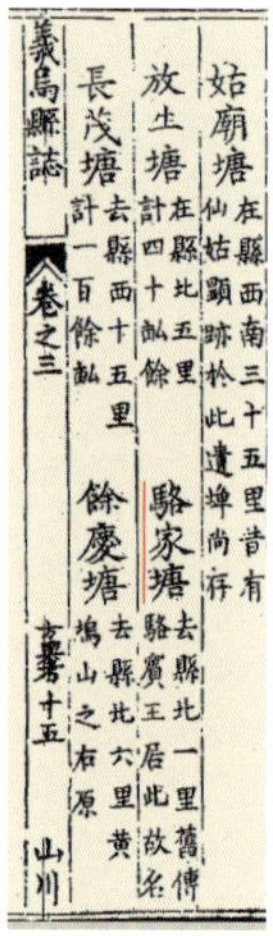
姑廟塘在縣西南三十五里昔有仙姑顯跡於此遺蹤尚存
放生塘在縣北五里計四十畝餘
駱家塘去縣北一里舊傳駱賓王居此故名
長茂塘去縣西十五里計一百餘畝
餘慶塘去縣北六里黄鳩山之右原
義烏縣誌 卷之三 十五 山川

万历《义乌县志》关于骆家塘的记载

4.35 亩，水深 1 米多，原有蓄水量约 5000 立方米，灌溉 16.7 亩。几年前，骆家塘四周已建高楼不少，附近居民杂物倾倒，骆家塘淤塞日甚，塘面积也日渐缩小。塘边原有个骆家塘村，现仅留废墟，相传“初唐四杰”骆宾王诞生此村。骆宾王幼时常嬉戏于塘，7 岁时见鹅游于塘，遂作诗道：“鹅、鹅、鹅，曲项向天歌。白毛浮绿水，红掌拨清波。”

现在义乌市以骆家塘为核心，建成骆宾王公园，以纪念这位大文豪。公园内有骆宾王纪念馆、咏鹅亭、放怀亭、义乌诗歌林，还有已被塑造成天鹅仰头行状的骆家塘。

骆宾王像

骆家塘《咏鹅》刻石

塘库

金兰水库

浙江省第一座兴建的中型水库

金华市金兰水库位于金华市婺城区琅琊镇境内，钱塘江流域金华江支流白沙溪中游。水库于1958年4月动工，1960年2月完成主体工程并投入运行。水库控制流域面积274平方千米，总库容9124万立方米，正常库容6800万立方米，是一座以灌溉为主，结合防洪、供水、发电等综

金兰水库泄洪

金兰水库开闸汇洪

合利用的中型水利工程。

水库枢纽由主坝、副坝、正常溢洪道、非常溢洪道、输水隧洞、放空洞、水电站等组成。主坝为黏土心墙砂壳坝，坝高 44.6 米，顶宽 7.9 米，长 712 米；副坝位于主坝左侧，中间隔蜂筒山，为黏土心墙砂砾石和堆石混合坝，坝高 14.4 米，顶宽 4.5 米，长 131 米；正常溢洪道位于主坝左坝头，为开敞式岸边溢洪道，设 5 孔 10 米 ×7.5 米的弧形钢闸门，最大泄流量 2430 米^3/ 秒；非常溢洪道位于主坝右岸东山坡，堰顶高程 123.29 米，堰长 122.23 米，超过百年一遇洪水时启用非常溢洪道；放空洞位于正常溢洪道左侧蜂筒山下，洞身宽 6 米，洞身长 115.2 米，最大泄流量 584 米^3/ 秒；输水隧洞位于副坝右坝头，洞径 3.3 米，出口设三个支洞；水电站位于输水隧洞出口支洞末端，装设 3 台各 1800 千瓦机组。

拖拉机在碾压大坝心墙

金兰水库是新中国成立后浙江省兴建“八大水库”中的第一座，也是全省第一座中型水库。新中国成立前，金华虽是一个农业区，但没有一座小(一)型水库，拦蓄调洪能力很低，水旱灾害频繁，加上没有一座小水电站，城区缺水少电，抗旱灌溉的工具只靠水车、龙骨车，日日夜夜从塘中、溪中车水抗旱。“十里十丘九里荒，十个山头九个光，夏洪秋旱受灾殃，半年糠菜半年粮。”这曾经是金华老百姓的一句顺口溜。在这样的背景下，金兰水库的建设提上了议程。

1958 年 4 月 5 日，金兰水库开工，从全地区 13 个县抽调了上万名民工参加义务劳动，民工们肩挑手扛，日夜奋战，历经两年时间，于 1960 年 3 月，水库完成主体工程并开始发电运行。建成投运以来，金兰水库承担下游 21 万亩农田灌溉任务和保护 30 万人口及浙赣铁路、杭金衢高速公路的防洪任务。1969 年至 1987 年间，为了提高水库防洪标准，又实施大坝除险加固，增加泄洪隧道等工程，形成一座以灌溉为主，结合防洪、城市供水、发电等综合利用的重要中型水利枢纽。

1998 年 5 月，市区山嘴头水厂开始引用金兰水库发电，尾水处理后向市区江南片供水。

塘库

横锦水库

全国首例水权交易的名片

义乌市总面积1105平方千米，20世纪90年代时人口为66万，人均水资源占有量仅为1130立方米，是典型的资源型、水质型缺水城市。伴随着小商品市场经济的快速崛起，义乌市由小城市迅猛向中等城市发展，水资源供需矛盾日益显现，成为经济社会发展的重要制约因素。1998年

横锦水库

横锦引水（青口调节池）

底前，居住在城里的人饱尝了喝水之苦，东阳江污染严重，地下水含有害矿物质严重超标，人们买桶矿泉水回家做饭被认为是一种奢侈。对此，义乌市委、市政府多次召集省、市相关水利专家论证，一致认为：虽然用境内水资源解决供水的办法还有一些，如再建水库、调用现有水库供水、农村改用江河提水灌溉等，但客观条件表明，境内已没有很合适的库址，提水灌溉的办法也受到很多客观条件限制，比如过境水季节分布不均、污染严重等。于是，目光便一致转移到了“境外引水”，最合适的就要数东阳市。东阳与义乌同属钱塘江重要支流金华江流域，且位居金华江的上游，是该流域内水资源相对丰富的一个县级市，人均水资源量有 2126 立方米，境内拥有两座大型水

横锦水库

库，不仅水资源丰富，还地处源头，库区水质优良。两市毗邻，且市中心相距不过 10 多千米。因此引进清纯甘甜的东阳水成为当时义乌人的强烈愿望。

义乌市为解决日益突出的缺水矛盾，经多方论证和努力争取，并在东阳市的鼎力支持下，两市共同签订了有偿转让水权的协议。2000 年 11 月 24 日，东阳、义乌两市进行了全国首例水权交易，义乌市政府和东阳市政府签订了有偿转让横锦水库每年 4999.9 万立方米水量的使用权协议。这既解决了义乌市一个时期的缺水矛盾，又实现了与东阳市水资源共享、优势互补、共同发展的美好前景。

协议的主要内容：一是义乌市一次性出资 2 亿元购买东阳横锦水库每年 4999.9 万立方米水的使用权；二是转让用水权后水库原所有权不变，水库运用工程维护仍由东阳负责，义乌按当年实

横锦水库溢洪道

际供水量每立方米 0.1 元支付综合管理费（包括水资源费）；三是从横锦水库到义乌引水管道工程由义乌市规划设计和投资建设，其中东阳境内段引水工程的有关政策处理和管道工程施工由东阳市负责，费用由义乌市承担。

横锦水库地处钱塘江流域金华江水系东阳江上游东阳江镇，距东阳城区 28 千米，以坝址附近的横锦村得名，控制东阳江上游流域面积 378 平方千米，主流长 44 千米，水库多年平均入库径流量为 3.3105 亿立方米，总库容 2.74 亿立方米，是一座以灌溉、防洪、供水为主，结合发电、养鱼等综合利用的大型水库。

横锦水库引水工程主要由取水口、输水隧洞、输水管道和调节池组成。工程全长 34.68 千米，其中隧洞长 30.562 千米，管道长 4.118 千米（包括倒虹吸长 0.21 千米）。设计流量为 2.5 米^3/秒，工程概算总投资 2.79 亿元人民币。整个输水线路自东阳市横锦水库拦河坝下游电站尾水池取水口，至义乌市青口调节池止，全程采用封闭式有压重力输水。

2005 年 1 月 6 日，在义乌青口调节池举行了横锦水库引水工程通水典礼。该水权交易引起了全国范围内的水权实践和理论探索的大讨论，表明要解决我国的水资源短缺问题，完全依靠传统的分配模式已难以适应，市场经济将对水资源配置方式进行变革。

阮堤（东晋）

中原水利技术传入古越的活化石

阮堤位于武义县白阳山麓的小白溪沿岸，始建于东晋。魏晋南北朝时期，北方人口不断流入南方，也进入武义，既增加了劳动力，也带来了先进的生产技术，并开始出现水利设施建设。县城东面白溪一带开垦粮田及筑堤引水，就是东晋时期阮侯的恩泽。

加固修缮后的小白溪下屋村段阮堤

小白溪下屋村段呈丁字形的晋代阮堤

阮侯就是隐居明招山的镇南大将军阮孚的弟弟，名阮瑶。《武川陈留阮氏宗谱》载："咸生三子：长曰瞻……次曰孚……又次曰侯，字荣之，前为镇抚军，后为朝请大夫，好山水，乐隐逸，终于白阳山。英灵显异，乡人遂主为神，至今俗呼阮侯庙。"阮侯是"竹林七贤"成员阮咸的儿子、刘伶的女婿，放弃朝请大夫的官职，追随兄长阮孚来武义，隐于白阳山。

同时隐居白阳山的还有永康县令张彦卿，他与阮侯都是刘伶的女婿，是连襟关系。大约是张彦卿携妻先居白阳山，然后招引阮侯夫妇来此。因而，阮孚赴任镇南将军途中弃职，也就选择了武义。张、阮两家在白阳山定居，成为武义最早有确切记录的移民，《武川陈留阮氏宗谱》明万历乙未（1595）谱序称"武邑开创初首称八姓，而阮氏为诸姓最远"，其子孙繁衍，族延至今。

阮侯并非隐而不出，而是心怀民众。白阳山

白溪东村猫头山阮侯庙

麓的小白溪沿岸，原本是一片沙石滩地，阮侯率领百姓挑走沙石，开垦农田，成就千亩沃野。他还带来先进的中原农耕文化，向当地人传授种植技术。他在小白溪倡建一座堤坝，引溪水灌溉农田，成为武义最早的农业水利专家。后人为纪念他，称这些粮田为“阮田”，称这座溪坝为“阮堤”。

阮田至今在耕种，阮堤依然横卧在溪上。堤位于三江村丁前下屋自然村边，至今村人仍称“阮堤”，可谓遗泽千年。阮侯过世后，当地百姓在白阳山和阮堤附近的猫头山，分别建造了阮侯庙，世代奉祀，至今香火袅袅。

今白阳山阮侯庙，俗称白阳寺，为毁后重建，一排五间，石柱上镌刻着 8 副楹联，其门廊二副为：

雾散云开，阳岩呈五色；山回水绕，熟溪流八荒。

世外有桃源，不知魏晋；山中无甲子，只

白溪东村猫头山阮侯庙对联

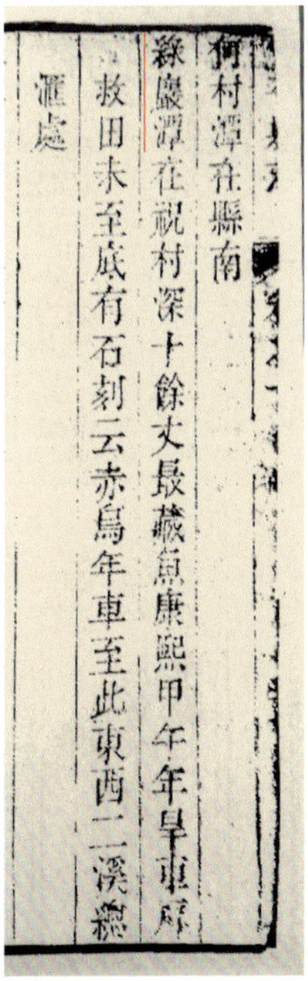
何村潭在縣南
綠巖潭在祝村深十餘丈最藏魚康熙甲午年旱車戽
救田未至底有石刻云赤烏年車至此東西二溪總
滙處

乾隆《宣平县志》卷一《山川》有关绿岩潭石刻的记载

辨晨昏。

猫头山阮侯庙始建年代稍迟，俗称新庙。现为毁后重建，石柱上镌刻的 5 副楹联，有说是所发现武义最早的联语。其联为：

故土烟云随世化；昔年冠履渡江来。

避地且寻山水乐；遗风犹绍竹林贤。

晋国名流扬白水；阮家故剑挂青山。

蜡炬龙涎报赛长绵千岁祖；云岩月谷隐居静倚六朝山。

嘹亮送琴声，记取遗规沾雅化；参差摇竹影，空留胜迹仰清谈。

从这些联语中，我们可以感受到乡人对“竹林七贤”后裔阮侯深切的感念之情。

值得一提的是，就在阮侯率民垦田筑堤不久前，现属武义县的柳城地域已出现用工具引水抗旱。乾隆《宣平县志》记载：“绿岩潭，在祝村，深十余丈，最藏鱼。康熙甲午年旱，车戽救田，未至底。有石刻云：赤乌年，车至此，东西二溪总汇处。”

这一信息非同小可，其石刻是迄今发现的最早记载武义文史的文字。车戽，就是用水车戽水，三国吴赤乌年间遇上大旱而取水，取到极深处时，有心人为纪事，在岩壁上凿了这 13 个字。康熙五十三年（1714），又大旱，村民也在绿岩潭取水，不经意发现了古石刻。巧的是“赤乌”正是武义始置县时的年号，在当时作为重大发现而载入邑志，向我们传递了赤乌年间使用水车这一农耕历史信息。巽峰塔下的绿岩潭，常年水深流急，碧波盈盈，可惜今人未能一睹千年石刻。

阮侯拓辟的“阮田”“阮堤”，用水车戽水的石刻，无疑都是武义最早的水文化遗存与记忆。

梅溪口堤防工程（民国）

兰溪人民的治水缩影

兰溪地处钱塘江流域中游，金华江、衢江、兰江三江在此交汇，因水而生，因水而兴，因水而美，自古有“三江之汇、七省通衢”之称。“凉月如眉挂柳湾，越中山色镜中看。”唐代诗人戴叔

梅溪口堤防工程

伦笔下的兰江美不胜收。

凡事总有两面性。对于兰江水，兰溪百姓既爱又惧。身为母亲河，她滋养着两岸百姓；作为昔日的黄金水道，她曾兴盛兰城，造就了著名的“小上海”。兰江有时又十分无情，十年九涝，令百姓苦不堪言。一到洪水泛滥，滚滚江水如同出水蛟龙，冲入沿岸人家。水灾，是千百年来兰溪百姓的心头之痛。洪水，使沿江人民深受毁禾稼、坍房舍、溺人畜的灾难。

唐咸亨五年（674），兰溪正式建县，而就在前一年的七月，“婺州大水，溺死五千人”，震惊朝野，《资治通鉴》对此有明确记载。距今600多年前，明永乐十四年（1416）的大洪水，洪峰水位据推测高达37.12米（吴淞高程），给兰溪造成巨大损失。史料记载，自宋大中祥符九年（1016）至1949年的934年间，兰江发生过56次大洪水，平均每隔17年左右就有一次。大水入城21次，百年一遇以上的特大洪水有3次。新中国成立后，洪水也并未减少“光顾”兰溪的频次。

正因洪水频繁，兰溪有着筑堤防洪的悠久历史，一部兰溪发展史，也是一部兰溪沿江人民的治水史。自清代起，兰溪沿江及入江溪流，筑有雁塘坝、湖沥坝、黄溢堤等堤坝。民国时期，修筑了梅溪口堤防工程等水利设施。梅溪口堤防工程位于洞源溪之上，1934年，在甘溪下游官堰头村兴修官堰头防洪灌溉工程块石拦水坝，引水灌溉，后被洪水冲毁。1935年12月，梅溪口防洪工程动工，工程自施村后照山脚至金家梁，全长1700米，征地38亩，筹集壮丁679人，受益农田4000余亩。1945年，由金华江水利工程处统

兰溪三江防洪安全综合提升工程先行段（城区—游埠）

一整修，修复原坝，增加长度，伸入滩地，并于上游建防洪堤一道。由于历史条件所限，新中国成立前的这些堤防标准低、规模小，无法满足抵御洪水的要求。

新中国成立后，自 20 世纪 60 年代末起，兰溪开始有规划地进行堤防建设。尤其是 90 年代以来，兰溪人发扬“砸锅卖铁兴水利”的精神根治三江水患。在浙江省委、省政府的大力支持和兰溪干部群众的共同努力下，兰溪绝大多数农村堤防的防洪标准已经从之前的五年、十年一遇，提高到二十年一遇；城区防洪也从原来的不设防，提高到五十年一遇。

随着富春江农防加固工程、钱塘江堤防加固工程、城东片防洪应急工程、城乡排涝站等防洪排涝设施相继建成使用，兰溪逐渐告别过去动辄“看海”“被淹”的窘境，一张美丽堤防图景正在徐徐展开。

兰溪水利人并未止步。为进一步提升“三江”已建堤防的坝体安全，增强与交通、生态、景观等多功能融合性，全面提升广大群众的幸福感，2020 年“三江”防洪安全综合提升先行段工程启动，对中洲片、游埠片、洲上片、女埠片等薄弱堤段进行综合提升，实现防洪堤与交通、生态与美丽景观的有机融合，筑牢沿江生命线、扮靓沿江风景线。

兰溪古城墙

屹立浙中的千年城防

一部城墙兴废记，抵得上半部兰溪史。兰溪古城东依大云山，西临兰江，略呈半月形。旧有"安政""清波""明德""拱宸"四门。古城墙始建于北宋，其后因沿江部分城墙屡毁于洪水，历代都有修整，历元至正、明正统、清康熙重修。

宋代洪遵《东阳志》载："城周二里三百二十三

兰溪古城墙古码头远景

兰溪古城墙仍在发挥防洪作用

步，高一丈五尺，子城周一里三百四十五步。”因历遭战祸，年久失修，古城城墙已大部毁圮。至抗战时期为防空袭，便于疏散人员，南、北门城楼随东、南两面的城墙一同拆除，西门城楼，则因西面沿江城墙作防洪护岸得以保留，作悬钟报警之用。1985 年，古西门城楼倒坍。1995 年后重建西门城楼，主楼 2 层，依江而立，气势雄伟，为登高览胜的佳处。现有柳家码头、朱家码头、水门码头三座便门，保存尚完整。

沿江 600 余米城墙，南起南门云山路、北

至兰江大桥，为明正德七年（1512）重筑，清康熙年间重修，现存150余米长，条石垒砌，依稀还可领略兰溪古城的独特风貌。2014年5月西门城楼部分城墙发生坍塌后，兰溪又对近200米的城墙进行拆除重修，为兼顾防洪与文保，最大限度地保护城墙，按照修旧如旧的原则恢复城墙原貌。2017年1月13日，兰溪城墙及码头被浙江省人民政府公布为第七批浙江省文物保护单位。

2017年6月25日，兰溪遭遇新中国成立以来的第二大洪水。兰江水位不断上涨，江水漫过古城墙墙垛，西门城墙段出现多处管涌和冒水，墙身和基础存在多处渗漏通道，情势危急。为此，兰溪市启动西门城墙段城防提升工程。2021 年汛前，城区防洪标准应急提升工程（西门城墙段）完工，对仅剩的西门城墙段 851 米城防首次引进钢化玻璃墙工艺，实现省级文物保护与现代防洪相结合。兰溪城区全线形成五十年一遇防洪闭合圈（共计 37.44 千米），兑现了对浙江省委“把兰溪的城市防洪标准由二十年一遇提高到五十年一遇”的承诺。

至此，兰溪市 29 个堤防围片全部达到《钱塘江流域防洪规划》要求的防洪标准，基本形成较为完善的“三江”防洪体系，为城乡经济社会建设发展提供可靠的防洪安全保障。

堤

万工堤（宋）

千锤万凿 文溪安澜

万工堤，即万工堰，位于磐安县安文街道文溪上游西南侧，用卵石砌筑，全长1679.18米，顶宽3米，底宽6米，高3米，是为防洪和灌溉而修筑的一项综合水利工程，因工大资巨而命名“万工”，又名万工塍，俗称万工城。1984年1月，万工城（塍）被公布为磐安县重点文物保护单位。

万工堤现状

万工堤现状

万工堤初筑于宋末，元、明时期进行过加固维修，是当时较大的防洪工程。道光《东阳县志》载，明初，侃斋陈怀堂为了确保村庄与附近田地防止被洪水冲毁而筹建此城（塍），长三里，宽二丈，高三丈，亘石九重，历久不坏，至今尚存。嘉靖年间，又在城上加筑胸墙，墙内可配备火铳、台枪以防寇，遂为防洪、灌溉、防御之综合工程。

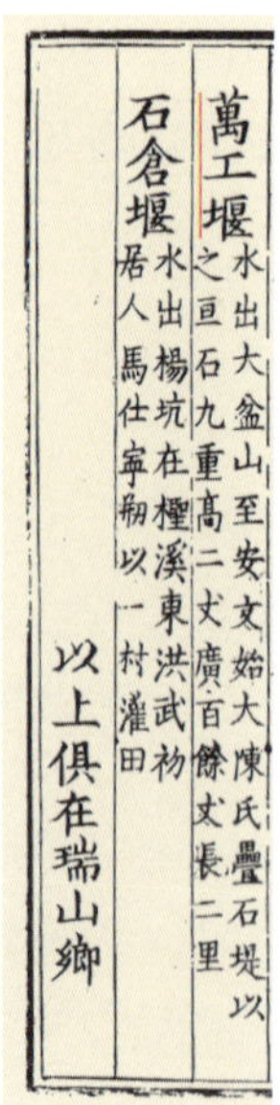

萬工堰 水出大盆山至安文始大陳氏疊石堤以之亘石九重高二丈廣百餘丈長二里

石倉堰 水出楊坑在櫻溪東洪武初居人馬仕寧剏以一村灌田

以上俱在瑞山鄉

万历《金华府志》关于万工堤的记载

在《三十五都隆庆续志》、万历《金华府志》、康熙《金华府志》、道光《东阳县志》、雍正《浙江通志》等中均载有万工堤（文献中称“万工堰”）。万历《金华府志》载：“水出大盆山，至安文始大。陈氏叠石堤以之，亘石九重，高二丈，广百余丈，长二里。”道光《东阳县志》载：“高三丈，长三里，广二丈。《府志》广百余丈，误。水出大盆，至安文而大。陈氏叠石为堤以捍之,至明陈怀堂加筑焉,亘石九重,历久不坏,在堰中为最。其上有卢陂,内有枫树潭,又上有高陂,高二丈,余皆注田。其下为海螺陂,内有大石潭;泰石大陂,内有泰石潭;下宅陂,内有下摆潭;下寮庵陂,内有下寮潭。皆坚筑深广,注田不竭,又放生数处。”

历史上万工堤数次被洪水冲垮,给人民带来灾难。清光绪十五年(1889),麻园尾巴段被洪水冲塌;1922 年,安福寺对面至东溪头止全部冲塌;1942 年,麻园尾巴起至现在的磐安中学对面止冲塌缺口 4 处,达 40 多米,大水直冲安文镇,使安文人民流离失所,惨受其害。

新中国成立后,党和政府十分重视人民生命财产安全。1954 年,中共磐安县委、县政府对万工城头至麻园尾巴段进行了加固整修,共计 450 米长,外坡全用大块石护砌,原凉亭下还修建了 100 米长的防浪墙,完成土石方约 8400 立方米。1981 年 10 月,安文防洪堤全堤整修加固工程正式动工,1986 年 11 月基本完成。2000 年,磐安县启动城市防洪工程建设,对万工堤进行全面整修,形成现有规模。

浦江水仓（宋）

浦江独有的抗旱水利工程

浦江县是江河源区，钱塘江一级支流浦阳江和壶源江均发源于此，县境内地表高低起伏，河谷平畈、山间盆地广布，河流谷地冲积平坝区地下潜水埋藏丰富、埋深浅，是流域水循环中地下水积蓄的主要区域。浦江“七山二水一分田”，农田分散在盆地及丘陵平坝，以水稻作为主要农作

浦江县岩头镇龙溪村刘笙自然村水仓保护性挖掘现场

物，需要大量能就地取水的小型灌溉工程设施，但历史上地表水存蓄能力有限，全县水资源调节周期只有 10 天左右，为了满足居民农业生产和日常生活的用水需求，堰塘井渠立体化分布的水仓灌溉工程体系应运而生。

旧志中记载，浦江部分山区在溪底筑坑贮水，俗称水仓。这种隐匿于河床之下的水仓一般建在沙层较厚、有地下水补充的溪流河床中，四壁以块石、卵石垒砌，以粗壮松木为柱，架以松木横梁，上覆活松木为盖，并用石块、泥沙压至原河床高度。旱时启开仓口廊水灌田，大者可灌田数十亩，小的也能灌 5 亩左右。水仓在其他市县很少见，到 1985 年，浦江较完整的水仓尚有 100 余处。

浦江水仓灌溉工程遗产是浦江独有的集引水、集水、蓄水、车水等功能于一身的“立体化”水利灌溉体系，包含登高天渠 1 条、古堰 112 座、塘井 13 个、拗井 323 个（其中 88 个在用）和溪井 57 个。水仓又称溪井、闷塘、匣、水孔等，是一种古老独特的水利设施，分有盖与无盖两种，有明确历史记载的水仓灌溉工程兴建至迟在五代时期已经开始，现存灌溉工程设施年代最早的为南宋时期。在此后近千年的发展历程中，逐渐形成了形式多样、分布广泛、就近灌溉、运管便利的区域立体灌溉工程体系。据统计，自北宋至新中国成立前，浦江县发生重大旱灾 68 次。明万历十年、十三年、十五年、十六年、十七年、十八年连续大旱，浦江人便是依靠这些大大小小的水仓应对旱灾。浦江水仓基本由村民自行挖掘建造，曾用于灌溉田地，如今依然具有防旱功能。

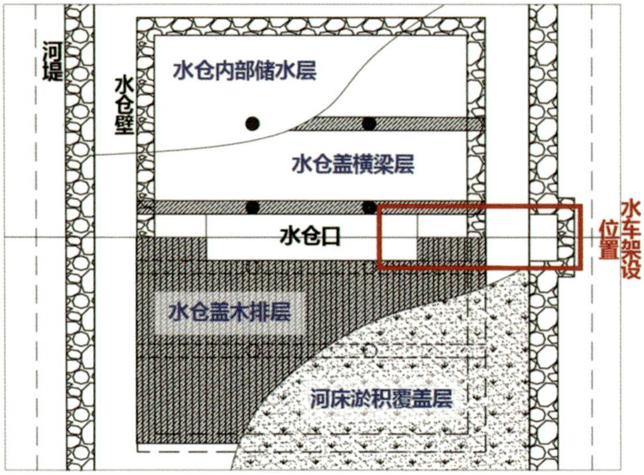

溪井结构示意图

浦江水仓灌溉工程遗产主要具有以下四个特点：

一是取水工程因地制宜、形式多样。浦江水仓灌溉工程遗产以“一仓一渠一田”为灌溉单元，根据农田地貌和水资源条件合理选用不同的取水工程形式，当地统称为“水仓”，充分开发利用山泉、地表、地下水，使农田灌溉实现就地就近取水：在丘陵平坝的近河区域，在河流上建堰引水灌溉；在引水不便的灌区农田内，平地开塘、挖井提水灌溉；在山区高地农田，导引山泉水灌溉；在洪枯变化较大、河床潜流丰富的山溪，在河底“凿溪”截蓄潜流，极旱时提水灌溉。泉、堰、塘、井、渠因地制宜、有机组合、互为补充，综合保障各片区、全天候的灌溉用水，水仓灌溉工程体系成为独具浦江区域特色的丘陵地区传统灌溉工程体系代表性范式。

二是工程结构科学合理、独具特色。取水工程形式、结构也各有特色。引水堰坝分为上部“筑堰（作堰）”和下部“备堰”两部分。“备堰”为基础固定堰，可抬高河床，防止两侧堤脚淘刷；“筑堰（作堰）”平时截流蓄水，洪水期自行冲毁，不仅可降低修筑堰坝的成本，还可在保证蓄水功能的基础上，降低农田被水淹的风险。登高村天渠用干砌块石结构的“平井”深入山腰山体土层中，积蓄、导引山泉水，经调蓄后通过石槽输水入村入田。溪井在溪底筑坑贮水，在坑内用松木垒砌

浦江水仓

成“井”字形，面上再用松木覆盖。有的用干砌块石砌筑四边侧墙，以条石覆盖面，用来截蓄潜流，以备旱时之需，结构设计十分科学、合理、经济。塘井、拗井皆用卵石干砌，积蓄地下水，使用水车、桔槔提水灌溉。

三是区域灌溉基于自然、生态环保。浦江地处丘陵山区，农业土地资源主要分布在盆地和丘陵、平坝区域，地片分散，存在显著高差；且区域为江河源区，为典型的山区河流源短流急、洪枯不均特征，地表径流和水文条件难以保障大规模引水灌溉。浦江水仓灌溉工程体系因地制宜、就地就近，用最适宜的工程手段解决灌溉用水需求，且常规水源、备用水源互为补充，建设、维护、管理成本低，效益大，环境生态影响低，各灌溉单元共同组成有机整体，提供了浦江地区整体的灌溉保障方案，充分体现了世界自然保护联盟提出的“基于自然的解决方案”思路，古老的灌溉智慧契合了国际上现代化的自然保护最新理念，充满中国智慧、浦江智慧。工程修建所采用的卵石、松木、条石等材料都是取自当地，以最低成本满足了灌溉需求，保障了浦江县的农业生态环境，是低影响开发的典范。

四是灌溉管理以民间为主、简单高效。浦江水仓灌溉工程的各取水工程单体分别由所在农田户主或村庄集体建造、使用及管理维护，以民间管理为主，官方监督并就共性通行问题制定规则，如颁制“禁堰碑”等（禁堰碑文：禁为双溪三源，全赖堰坝蓄水以溉田稻，因为立禁，谷雨以后、立秋以前，不准顺放柴薪竹木，以固堰坝而保田稻。毋违特谕）。宗规民约在灌溉管理中发挥了主体作用，用水受益户小范围自治，方便灵活，受益各方权、责、利能够直接结合，简单而高效。用水遇到纠纷，主要由宗族祠堂主事或村集体组织调解解决，体现了历史上宗族宗规在浦江县管理中的突出作用。

刘笙村水仓实例

浦江县岩头镇龙溪村刘笙自然村建有水仓 20 处，数量居浦江县第一，分别建在深堰 2 处、和龙桥 3 处、二斗五歪角处 3 处、石三堰 1 处、黄源桥口 4 处、前溪堰顶 2 处和八石 5 处。除几处坍塌外，目前大多数水仓完好地保存在沙底下。

刘笙村深堰水仓是浦江最大的一处水仓，有柱脚 10 多个，长约 10 米，宽 3—4 米。经美国贝塔分析实验室检测，深堰水仓所采样品年代应该是 1770 年至 1830 年之间，即乾隆三十五年至道光十年之间。这一测年结果证明，深堰水仓的

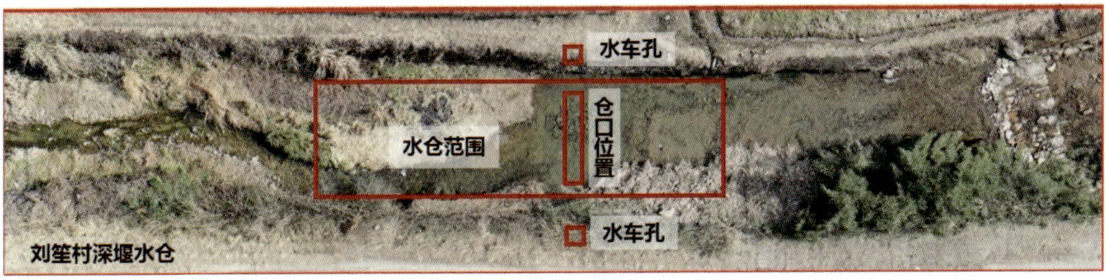

刘笙村深堰水仓

建造历史，距今已有 200 余年。挖掘时现场负责人金建勋兴奋地说：“首次进入这个‘沉睡’了半个世纪的水仓，下去的时候要弯着腰，蹲着下，根本直不起腰来，很费力。水仓里面的水很清，上面铺的是木头，边上都是柱子，还有一圈用石块砌起来的石坎……”村里的老人常说：“一仓水一年粮。”至 20 世纪 70 年代，深堰水仓一直是当地重要的农业灌溉用水来源，村里常开启该水仓灌溉田地，其发挥了抗旱作用。后来，政府兴修水利，发展生产，其他保障性水利工程建成后，此水仓便被废弃不再使用。

小水电

湖海塘水电站

新中国成立后浙江省首座水电站

湖海塘位于浙江省金华市婺城区，是金华市区目前最大的城市人工湖泊。其坐落于双龙南街西侧，海棠西路以南，是金华市面积最大的湿地，素有金华“小西湖”之称。

《金华县文史资料》记载：“金华城南有口秋都

湖海塘现状

湖海塘现状

塘，又名湖海塘，相传塘名取塘大如湖、蓄水如海之意，始建于宋。当时凡官员过往，文官下轿、武官落马，挑土三担才可走过。可见当年官民踊跃参加筑塘之盛况。”

光绪《金华县志》又称：“湖海塘，一名秋都塘，光绪甲午新经测量，周一千二百四十丈，计六里八分。”

关于湖海塘的由来，民间有不同的传说。相传元朝末年，朱元璋领兵攻打婺州时，把大军驻扎在婺江对岸一带。大将胡大海的队伍驻扎在大军的西南面，这里水源匮乏，他就带兵手拉手围了一个方圆十数里的大圈，然后借来各种挖土工具，从外往中心挖。十来天的时间，就挖成了金华最大的一口塘，塘深 1 米多。过了数年，这口大塘蓄满了水。住在这一带的农民也因此风调雨顺，旱涝保收。为了感念胡大海的恩德，当地农民就把这口大塘叫作“胡大海塘”，后来称“湖海塘”。

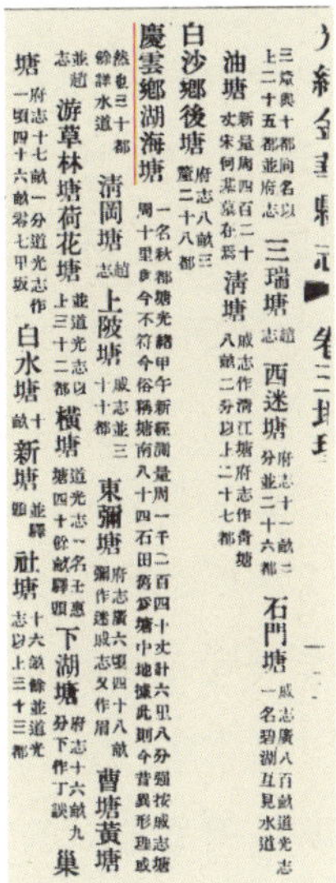

光緒金華縣志 卷三

三塘與十都同名以上二十五都並府志 三瑞塘 道志 西迷塘 府志十一畝二分並二十六都 石門塘 咸志廣八百畝道光志一名碧湖互見水道

油塘 新昰周四百二十丈宋何某築吞焉 清塘 咸志作清江塘府志作青塘八畝二分以上二十七都

白沙鄉後塘 府志八畝三釐二十八都

慶雲鄉湖海塘 一名秋都塘光緒甲午新經測量周一千二百四十丈計六里八分謹按咸志塘周十里舊今不符今俗稱塘南八十四石田爲鄉塘中地據此則今昔異形理或然也三十都餘詳水道

淸岡塘 道志 上陂塘 咸志並三十都 東彌塘 府志廣六頃四十八畝彌作迷咸志又作眉 曹塘 黃塘 並道志

游草林塘 荷花塘 並道光志以上三十二都 橫塘 道光志一名壬惠塘四十餘畝驛頭 下湖塘 府志十六畝九分下作丁誤 巢塘 府志十七畝一分道光志作一頃四十六畝零七甲坂 白水塘 十畝 新塘 並驛頭 社塘 十六畝餘並道光志以上三十三都

光绪《金华县志》关于湖海塘的记载

铁堰

湖海塘水电站是梅溪流域梯级开发的最末一级。梅溪流域的水流自安地水库往下，分别流经安地一级电站、安地二级电站和苏孟电站，苏孟电站尾水与梅溪汇合后，在铁堰水闸的调控下经过 5.3 千米的引水渠进入正常库容 249 万立方米、集雨面积 20 平方千米的湖海塘水库，再经过 2.5 千米的引水渠进入湖海塘水电站前池进行发电，尾水经水电渎排至婺江。

湖海塘水电站发电厂房

1948 年，为从根本上解决金华城区照明和湖海塘下游城南、秋滨等乡镇 1.5 万多亩农田的灌溉问题，原国民政府浙江省水利局金华江水利工程处徐焕章、韩继绍等人提出建设金华湖海塘水力发电暨灌溉工程的方案。金华解放后，徐焕章和韩继绍向金华专署提出该方案，请当时的金华驻军三十五军政委张雄、金华地委书记冯起、金

华专署专员杨源时等党政军领导到现场实地勘查，并分别向浙江省委财经部部长汪道涵和浙江省党政主要领导谭震林、谭启龙作了汇报，获得省领导的赞同和支持。1949 年 12 月，省政府决定成立湖海塘水力发电暨灌溉工程委员会。1950 年 1 月 2 日，湖海塘水力发电暨灌溉工程动工。1950 年 9 月 30 日，电站试车成功，10 月 25 日，正式向金华城区供电，点亮一座城。

金华湖海塘水力发电暨灌溉工程是新中国成立后浙江省建成投产的第一座小型水电站和第一座小型水库。1951 年底前，湖海塘下游灌溉渠系配套工程全部建成，1.5 万多亩粮田得到灌溉，其中 1.2 万亩达到了旱涝保收。

值得一提的是，四川解放前，一个军阀在美国西屋公司购了两台姐妹型水轮发电机（水头

湖海塘水电站发电机组

15—20 米，流量 2—3 立方米），临解放前已运到，正存在上海的海关仓库中，经了解正符合金华湖海塘水电站使用。于是通过浙江省政府向华东军政委员会打报告，并与上海市政府和海关联系，同意调一台水轮发电机包括自动调速器到金华，运到后即迅速投入安装。（四川解放后，由浙江省给予补偿解决。）

工程开始时政府采用以工代赈办法，动员了金华、汤溪、永康、东阳、义乌、浦江、兰溪、武义等八个县春荒较严重乡村的农民来参加修筑，解决了部分地区的春荒问题。参加修筑的人员除农民外，还有来自上海、杭州的部分失业工人。解放军某部响应上级生产节约、伙食自给号召，亦抽空来参加水电站的修筑。此外金中、金师、金农、新成、八婺等几个中学的学生也来参加工作，甚至公安部门还介绍了伪军官人员及百余个劳教所的犯人来参加劳动。从梅溪拦河坝到西关尾水渠，全线长 20 千米的工地上，每天四五千人日夜施工，场面非常壮观。经过 9 个月的艰苦奋斗，9 月 30 日电站试车发电。10 月 8 日，省政府谭启龙、张劲夫等领导到工地视察，给予工作人员嘉奖和鼓励。

值得一提的还有湖海塘水电站的拦河堰——

铁堰。1950年3月，由浙江省水利局接浙江省委指示，派工程师到金华梅溪乡（苏孟乡的前身）苏孟村梅溪流域现场勘察、放样，着手施工。梅溪铁堰水闸，是新中国第一批中型水闸。铁堰以灌溉引水为主，兼顾防洪。铁堰堰体砌体（条石）取自金华古城墙，由已故两院院士潘家铮绘施工图，具有深厚的历史文化底蕴。

自1983起到2012年，湖海塘水电站先后经历了扩建、增容、更新、改造等，也由辉煌逐渐走向沉寂。2012年6月，金华市区实施一环南线与一环西线贯通工程，为配合市区重点工程建设，曾为20世纪五六十年代金华城的经济建设和人民生活作出重要贡献的湖海塘水电站暂停运行。

2013年，“五水共治”号角吹响，金华开始谋划让湖海塘水库换个“活法”。2014年12月，湖海塘改造工程、铁堰除险加固启动。2017年10月，湖海塘公园正式对外开放，迅速成为金华市民游玩、健身的首选之地。

铁堰

小水电

双龙水电站

我国电力机械制造和农村水电史上的重要里程碑

双龙水电站位于金华市婺城区罗店镇西旺村北面约 300 米处，1958 年开工建造，1959 年 9 月 30 日建成并网发电。双龙水电站当时发电所用的主要设备，均为国产。1959 年，水电站干部职工攻克技术难关，创造性地将金华机械厂制造的我国第一台 512 千瓦水轮机与两台上海华生电

双龙水电站

器厂制造的 256 千瓦发电机联机发电，获得成功。联机发电当时为金华独创，是我国电力机械制造和农村水电史上的一个重要里程碑。

双龙水电站的成功离不开金华的天然条件。金华北山双龙溪泉终年不断，有数百米的天然落差，这为高水头水电站的修建提供了基础条件。1958 年 5 月，双龙水电站动工兴建。电站利用金华北山双龙、九龙两股泉水，汇合后水头落差 196 米，用一台水轮机装两台 256 千瓦的发电机组，总装机 512 千瓦，于 1959 年 9 月 30 日中华人民共和国成立十周年前夕投产发电。

双龙水电站引双龙溪水，环山开挖 2632 米的长引水渠道，并在西侧隔山九龙溪建调节水库，通过 1462 米长的地下管道和 148 米长的穿山隧道与双龙溪水汇合至华溪桥村上游，还建有 407 米长的压力管道，共利用水头 196 米，装机 512 千瓦，于 1959 年国庆前夕投产。这是金华第一座装机 500 千瓦以上的引水式、高水头水电站，也是当时全国最早一批运用“高山取水”技术发电的水电站，更是金华人民利用本地资源发动群众自力更生建造起来的水电站。

1960 年 3 月 14 日，毛泽东主席视察双龙水电站，给予高度评价，并将其作为全国发展农村小水电的典型加以推广。这在双龙水电站发展历程中具有特殊的重大意义和极高的历史价值。双龙水电站因此在全国乃至国际上都有了较大影响，联合国亚太地区小水电会议代表曾来这里考察，全世界先后有 100 多个国家的专家学者前来参观。双龙水电站不仅在很大程度上缓解了金华用电困难，推动我国小水电进入了一个史无前例的发展

联合国小水电考察组在金华县考察梯级开发水电站

非洲小水电技术培训班考察金轮机电

高峰期，还推动了世界小水电的发展。

双龙水电站建成后，专署水利电力局在现场举办水电训练班，中共金华地委书记李学福专程到训练班作动员报告，并决定兴建少年水电站。在此基础上，1959 年开发双龙溪，以双龙水电站为骨干兴建“一垄八站”。

1959 年，建成双龙水电站，利用双龙洞水，水头 12 米，装机 12 千瓦。是年 10 月，建成官基水电站，水头 24 米，装机 125 千瓦；在双龙水库坝下建成库口电站，利用水头 21.1 米，装机 125 千瓦。

1960 年 2 月，水利部在金华召开全国农村水电、水力站经验交流会，并于当年拍摄了《双龙戏珠乐人间》电影纪录片。

1960 年 3 月 14 日，毛泽东主席视察双龙水电站。同年 11 月 26 日，朱德委员长偕夫人康克清视察了双龙水电站和少年水电站。

1974 年，双龙洞水电站动工，利用鹿田水库水源，水头 165 米，装机 250 千瓦，次年建成。

1978 年 12 月，建成石门峡水电站，利用鹿田水库西干渠水源，水头 50 米，装机 75 千瓦。同时，建成西湖二级水电站，利用西湖一级水电站尾水，水头 60 米，装机 75 千瓦。

双龙水电站老厂房发电机组

双龙水电站“一垄八站”布局图

1979年冬，动工兴建西湖一级电站，利用北山0.5平方千米集雨建调蓄水库1座，水头474米，安装320千瓦水轮发电机组1台，1981年7月投产，此为境内水头最高的水电站。

经30年陆续改造，“一垄八站”总装机达1537千瓦。从高到低，八站依次为西湖一级水电站、西湖二级水电站、双龙洞水电站、少年水电站、双龙水电站、库口水电站、官基水电站和石门峡水电站。双龙水电站为八站之冠。

2010年4月6日，双龙水电站被公布为金华市级文物保护单位。双龙水电站的主要功能已不再是发电，而是被打造成为一座纪念馆，成了金华有名的红色旅游打卡地。这里依然保留着不少20世纪的建筑，原来的厂房和设备也保持得原汁原味。当年，毛泽东主席乘专列到这里视察的照片，被悬挂在最显眼的位置。在纪念馆大门两侧，刻有毛主席亲笔书写的“自力更生、艰苦奋斗”字样的牌匾格外醒目。纪念馆还修建了毛主席像和党史展示墙。双龙水电站已经成了弘扬先辈“自力更生、艰苦奋斗”精神和开展红色教育、爱国主义教育的阵地。

月泉春涌

〔元〕柳　贯

有盈有泚即寒泉，犹隔庐峰道里千。
岳麓云深藏策处，匡山人老读书年。
松楠叠影清浮几，华树生香晚入筵。
稽首堂中两夫子，六经言远视如天。

村水流长

——婺水遗脉忆沧桑

引言

金华地区的古村，数量众多，既清静，又拙朴，离大城市也不远，它们大多已被列入中国传统村落名录，比如金华武义郭洞村、金华浦江嵩溪村、兰溪诸葛八卦村、兰溪芝堰村等。

江南古村，韵味别致。"小桥""人家"相似，"流水"却各有各的深奥。不同的水系赋予古村完全不同的生命。

始建于南宋淳熙年间的芝堰村形以"笔墨纸砚"布局，水系环村。芝堰古村水系由水源头、水渠、半月塘、民居中的天井、活水明堂共同组成，选址巧妙，水系完整。水由地势较高的村西北引芝溪水入村，其一水绕村、半边路半边水的格局，构成了芝堰与众不同的风貌。2000多米的水渠或明或暗，或隐或现，水流千家，千家流水，使村落生机勃勃。

武义俞源村拥有神奇的水系，它将水塘、水井按北斗七星格局来布设，不仅仅是为了生活用水和消防，更多的是倾注了"天人合一"的思想，寄寓着"村落永存、家族恒兴"的消灾祈福的愿望。

被称为"浙江省独一无二的河流"的嵩溪村水利工程，建有一条"明溪"和一条"暗溪"。暗溪沿线设置宽大的排水口，将全村的雨水通过明沟、暗沟收集，统一排入河道。暗溪底部用大块青石铺底，形成“人工河床”，防止水流冲刷掏空河床。嵩溪水利工程是浦江先人道法自然、与自然为友的完美体现，村落供水、排洪排涝、农田灌水、水土保持多位统一，创造了“旱能灌、涝能排”的水利奇迹。

也许金华大地上遍布的这些古村落水系真有些“藏在深闺人不知”，好在它们低调中流淌着自己的独特魅力，终将“酒香不怕巷子深”。

两组线段交叉，成一个“井”字。寥寥四笔，灌溉五谷，滋养生命，也浇灌出一种文化。古者掘地取水，以瓶引汲，谓之为井。井对于中国的老百姓而言，是一个重要而特殊的存在。

出自元代贾仲名《对玉梳》的成语“背井离乡”，指离开家乡到外地，流落他方之意。可见“井”之于家而言是一个非常重要而特殊的存在。《易经》“井”卦的卦辞说“改邑不改井”，无论村落如何变迁，围绕着井是不变的。

金华江河纵横，湿润多雨，地下水资源丰富，水系脉络错综复杂，智慧的古人即知道凿井取用地下水。打井不是难事，水井就成了古代人们聚居不可或缺的生活设施。

嘉靖《金华县志》记载名井约 26 口，光绪《金华县志》记载名井 52 口（不含家井和庙井）。金华市区在 20 世纪 50 年代曾作统计，有水井 200 余口。

在金华的大街小巷，散布着上百口古井。依据建筑材料不同，可分为石砌井、土井、陶圈井、砖井、瓦井等。它们的命名也有讲究，有些以寺庙为名，如普昭井、惠德井；有的以人名为名，如休文井、昭君井；还有很多以井窍数为名，如双眼井、三眼井。

2020 年，浙江古井“完整报告”出炉，金华现存的古井数量为 850 处，在全省排第三。它们或守望着小桥人家，或静卧在旧居天井，或散布于街边弄堂，或独立在寺庙景区，不仅滋养了当地的居民，而且流传出一段段精彩的地方故事。

水井边往往十分热闹，淘米洗菜、洗衣刷碗，甚至提上小竹椅三五围坐聊张家长、李家短，水井与繁花似锦的烟火人生早已密不可分。

金华城区有一口被誉为浙中名泉的古井——莲花井，其井圈上有阴刻“莲花古井”四字。光绪《金华县志》载：“莲花井，《戚志》在弦歌坊内，泉为诸井第一。”婺城还有一个井魁——四眼井，蓄水量和井窍数均为金华之冠，古人称其为“龙井”。拦路井被称为“古城奇窍”，它与古色古香的八咏街交相辉映，成为婺城区古子城的别致景观。星宫巷双眼井是兰溪市保存最为完好的古井，至今井水清澈，井边苔藓翠绿，充满生机，一直传承着翁婿和睦相处的美谈。

井，滋养了一方黎民百姓，留下了许多市井温暖，更在日复一日、年复一年的日子里头孕育出了一种古井文化。

池湖村落水系

白麟溪十桥九闸（宋）

金蓉山上云采采
白麟溪前水归海

浦江白麟溪可称为“文化之河”，那蜿蜒流淌的河水，诉说着瓜瓞绵绵的“江南第一家”的“孝义”文化。居住于此的郑氏家族，自南宋建炎年间开始，历经宋、元、明三朝十五世同居共食达 361 年，鼎盛时三千多人同吃一“锅”饭。郑氏一门以其孝义清廉家风扬名于世，多次受到朝廷旌表。

白麟溪十桥九闸

白麟溪郑宅镇一角

白麟溪其名来自郑姓祖先的名讳白麟，元丞相脱脱书“白麟溪”三字以示溪水长流无终日，比喻同居之长久。沿溪有丰富的文化遗存，郑氏家族就是在白麟溪两岸生息繁衍。郑氏收藏的书籍、书法皆印有“仁义里白麟溪”六字。至今在台北故宫博物院仍然藏有十七件郑氏图章的书籍和书法。郑氏将公卿大夫、文人墨客推崇郑氏同居的碑记、传记、序、题跋之类辑成《麟溪集》。因此，白麟溪已经成为一个文化符号，书写着郑氏一族祖祖辈辈儒学治家的精神境界。

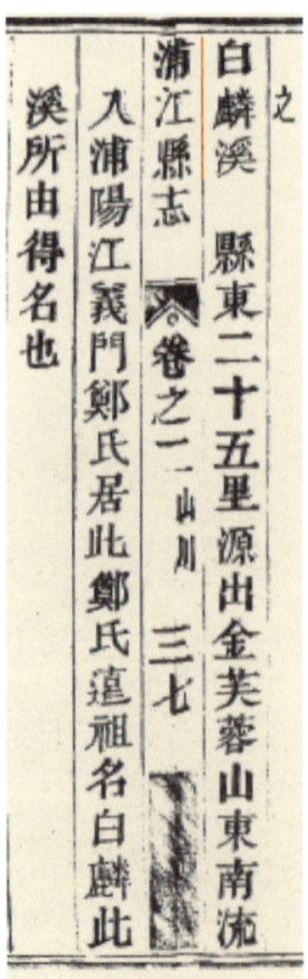

之
白麟溪　縣東二十五里源出金芙蓉山東南流
浦江縣志　卷之二　山川　三七
入浦陽江義門鄭氏居此鄭氏遠祖名白麟此
溪所由得名也

光绪《浦江县志》关于白麟溪的记载

郑宅镇在历史上是闻名全国并有很高地位的文化名镇，历史悠久，名人辈出，文物古迹较多。郑宅原名“承恩里”，南宋时曾先后易名为三郑、仁义里。元代因两次旌表为“孝义门”而改称郑义门。洪武十八年（1385），明太祖朱元璋亲赐“江南第一家”。到清乾隆开始有郑宅的称呼，此后“江

白麟溪十桥九闸

南第一家”成了郑宅郑氏义门宗祠的代名词。胡翰、吴莱、宋濂、方孝孺等均曾在此讲学。

“十桥九闸”是郑氏同居第十五世祖郑崇岳所建。郑崇岳（1501—1569），曾任云南按察使，致仕归家，主持白麟溪流域综合治理。白麟溪的治理实行“水系连通”，将深溪之水引至白麟溪，通过“水陆并行，河街相邻”，建成沿河店面，形成郑宅镇一纵一横十字型街道格局。“十桥九闸”可以沟通河道两岸交通，方便族人出行。水闸以松木条插入两侧河堤石槽而成，可以自由调节水位，作为消防用水储备，兼具灌溉、防洪、抗旱、洗涤、取水等综合功能。

白麟溪上的十桥九闸，每桥一闸用于蓄水，以便乡人洗涤，十桥均由“义”字命名，是古镇文化的聚集地和风景线。相传，郑氏族人居住地为“金盘地”，由于郑氏人丁逐渐兴旺，宜居之地越

白麟溪十桥九闸

来越少，族人无奈只得将九曲溪拉直，向河而居。传说，当时浦江很有名的风水先生蓝布衣一看，连声道：“坏了，金盘凿破，金水外泄。”郑家长者闻知，连忙请教有何补救办法。蓝布衣告知，只能想办法在溪上建桥建闸，把凿破的金盘补起来，使其滴水不漏，这就形成了现今的“十桥九闸”。

“十桥”目前仍保留 6 座桥，即：崇义桥、存义桥、集义桥、旌义桥、通兴桥和眉寿桥。崇义桥是白麟溪“十桥九闸”中建筑级别最高的一座桥梁，是郑氏家族以儒治家、奉行孝义的重要实物例证。崇义桥位于郑氏宗祠西侧，南北走向，始建于乾隆庚申年（1740），壬午年（1762）间加建石栏板及石栏杆，道光辛卯年（1831）重修。因该桥状若驼峰，故俗称“驼背桥”。桥为单孔条石并列砌造石拱桥，桥两端呈外八字形。桥长 8.5 米，桥面宽 2.65 米，由七块厚 0.22 米的长条形石板构

成。桥面两侧置五块石板作护栏，石板高 0.5 米，宽 0.3 米，石质望柱高 0.78 米，每侧置四根，望柱顶端雕刻有花纹，栏板两侧各有字，南侧阴刻“乾隆廿七年，郑思馀建造栏石”字样，北侧阴刻“道光辛卯，郑思馀孙若雷重修石栏”字样。目前桥体保存较好，桥面青石板略有破损，桥面及栏板处字迹风化。桥北原有元相脱脱手书“白麟溪”碑石一块，已残，现移入郑氏宗祠内保存。

解甲归田的明朝开国文臣之首宋濂念念不忘白麟溪上“十桥九闸”，曾作诗感怀：

平生无别念，念念只麟溪。

生则长相思，死当复来归。

如今，“十桥九闸”已成为江南第一家的标志性景观。

白麟溪旁有郑义门“建文井”，据传是朱允炆逃亡时曾藏匿过的井。光绪《浦江县志》载：“明

白麟溪十桥九闸

建文帝曾出之所止，匿于井中得脱，故曰建文井。”明人史仲彬《致身录》载，明建文帝朱允炆国难出亡，以浦江郑义门孝义传家，随翰林待诏郑洽隐居于郑义门（今郑宅镇）之万松岭，曾匿身井中以躲避永乐缉骑的搜捕，此井后称“建文井”。

“靖难之变”中建文帝的去向一直是中国帝王著名历史谜案之一。据说，当时跟随建文帝的共22个人，情况非常危急，众臣提议：“忠臣出于孝义之家，浦江郑氏义门孝义家可居。”郑洽就对皇帝说：“臣蒙高皇隆恩无以为报，今正其时也。”建文帝说好，大家就约定左右紧随三个人，以师徒相称，其余的都化妆改名，往浙江浦江而来。郑义门的家长就把建文帝藏在万松岭（今老佛社附近）和古树蔽天的东明山西麓（今皇潜弄村附近）。郑义门内紧外松，此事仅仅在很小的范围内获知。直到第二年元宵节，郑义门按照旧俗都要举行迎龙灯活动，建文帝一时大意出来观灯看热闹，领

白麟溪十桥九闸

头行香的郑氏族长一见建文帝，下意识地半跪作揖，迎龙灯的头首们，也擎起灯头，向建文帝点头三下，一跪一点头地向前行走，这就是郑义门翘脚龙灯的来历。这个越轨举动，被郑义门的冤家对头陈忠看见了，疑是郑义门藏了建文帝，即刻到县衙告发，锦衣卫将郑义门团团围住，进行搜查，郑义门家长急中生智，将建文帝藏于枯井暗道里。也许是天意，枯井口竟结起了一张蜘蛛网，卫兵搜到一看满是蜘蛛网，未深查。建文帝藏枯井脱险，慌忙中建文帝一只靴子掉在了枯井里，被郑氏子孙捡到。后来每次祭拜时，这只靴子就被供奉在神案上。建文帝虽然逃过了一劫，却不便继续在此避难，只能再次出逃，郑洽也跟随建文帝连夜远走他乡。那么建文帝到底逃往何方？至今仍是不解之谜。

郑义门从此在《郑氏宗谱》中隐去郑洽的名

白麟溪十桥九闸

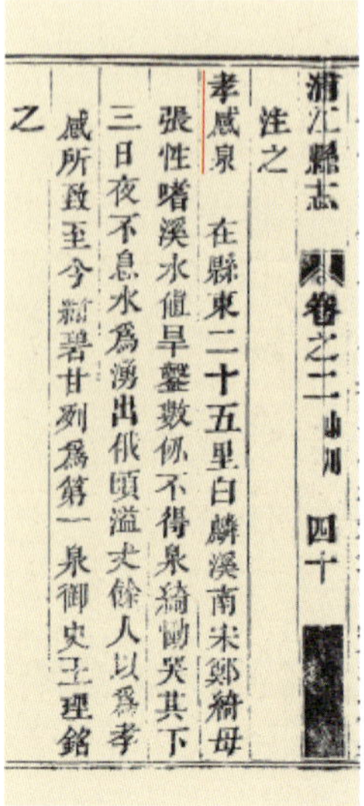

浦江縣志 卷之三 山川 四十

注之

孝感泉 在縣東二十五里白麟溪南宋鄭綺母張性嗜溪水值旱鑿數佽不得泉綺慟哭其下三日夜不息水爲湧出俄頃溢丈餘人以爲孝感所致至今甃碧甘冽爲第一泉御史王理銘之

光绪《浦江县志》关于孝感泉的记载

字。当年建文帝羁难脱身的枯井，被称为“建文井”。

孝感泉临白麟溪而建，位于郑宅镇冷水行政村冷水塘沿三区 17 号民居北侧 4 米处。井圈方形，井壁为椭圆形，用块石叠砌而成。泉井深 3.3 米，泉水长年清澈。据传，随同居始祖郑绮，事亲至孝，其母张氏，患重病，长期瘫痪在床，郑绮喂汤喂药，端屎端尿，侍奉母亲 30 余年。有一年天旱无雨，江河干涸。一天母亲口渴难受，想喝泉水。郑绮在白麟溪上连挖数地，不见滴水，想着母亲只想喝点泉水，却难以满足，心中凄苦，悲从中来，放声大哭，三天三夜。忽见乌云密布，一声惊雷，炸开沙石，涌出一股清泉清凉甘甜。郑绮连忙端水，侍奉母亲。人们以为是郑绮孝心感动上苍，故名孝感泉。郑氏六世孙郑大河，在泉边四周砌条石、建方亭，以纪念郑绮孝义事迹。“明乖乐初，蜀献王朱椿为郑氏九世孙郑楷亲题‘孝感泉’三字立碑与泉边。现存碑厅为明崇祯年间，十五世孙郑崇岳重立。”现存泉、亭为清嘉庆年间重建，1984年经过维修，“孝感泉”三字为明永乐时蜀献王手书，因近年经过维修保存较好。

孝感泉是全国重点文物保护单位——郑义门古建筑群的组成建筑之一。郑义门古建筑群乃是我国的建筑瑰宝，也是浦江县千年文化“儒学文化”的精华所在。坐南朝北，亭为歇山顶四角方亭，面宽三间。明间正中挖一泉井，即为孝感泉。檐柱为圆形木柱，柱础为石质鼓形。

郑义门古建筑群由宗祠、书院、民居、桥梁、古井等30处始建于明、清及民国时期的建（构）筑物组成。建筑以院落为主，一般为两至三进的院落，前厅后堂，建筑的开间视规模从三间到五间不等，强调中轴对称和主次关系。大型民居往往由多组院落组合而成。在建筑形式上，崇尚简朴和自然，梁架浑厚朴实，不事雕琢，时代风格和地域特色鲜明，具有较高的历史、艺术和科学价值。

浦江郑氏家族奉行以“儒”治家，倡导“聚族合食共居”，并通过《郑氏家规》《郑氏家仪》等一系列的治家规范管理和约束家族事务，形成了长达十五世、历经330多年的聚族同居历史，其事迹在宋、元、明三朝正史中皆有记载，在明初更是被作为封建社会以“儒”治家的典范加以宣传。郑氏一门数百年间有家族人员173人为官，却无一贪渎，被称作是廉洁德治的成功典范，为“廉政文化”提供了现实和历史素材。郑氏家族基于168条家规的《郑氏规范》，也被誉为中国传统家规家训重要里程碑。

池湖村落水系

钟池（宋）

中国第一奇村的八卦阵『核』

兰溪市诸葛八卦村，原名高隆村，系诸葛亮的二十世孙诸葛大狮公于南宋末年所建，位于兰溪市西部，是迄今发现的诸葛亮后裔的最大聚居地。村中建筑格局按八阵图样式布列，且保存了大量明清古民居，是国内仅有的独特古文化村落。该村地形中间低平，四周渐高，形成一口

钟池倒影

高隆族居之图

池塘——钟池。池是诸葛八卦村的核心所在，也是布列八阵图的基点，在大公堂正前面，面积 24 平方米，它的边上是一块与之逆对称面积的陆地，村民用以晒场之用。易经上说“东南为阳、西北为阴”，再加上“天圆地方”之说，空地和钟池正呈阴阳太极图形。与其他水利工程不同的是，钟池除了发挥着居民生产生活的功用，更因为其设计和布局，多了一些神秘色彩，值得从水文化角度深入研究。

诸葛八卦村布局巧妙，以钟池为核心，八条小巷向外辐射，形成内八卦；村外刚好有八座小山，形成环抱之势，构成外八卦。街道布局变化无常，犹如迷宫，似连却断、似通却闭。诸葛八卦村不仅平面布局奇异，而且还有极强的防御功能。据说侵华日军路过此地时，也未发现此村。

钟池

诸葛八卦村的水系设计还有一大亮点。村中有十八个池塘，十八口古井，池塘和徽派民居相映成趣，像一幅幅水墨画，甚具江南韵味。据说十八个池塘是贯通的，不得不惊讶古人的智慧和水利施工技术的超前意识。

1993 年，国家文物局专家组组长、著名古建筑学家罗哲文先生实地考察诸葛八卦村后说，中国传统的村落和城郭布局有依山傍水的不规则形和中轴对称的方整形两种，像诸葛八卦村这种围绕一个中心呈放射状的九宫八卦形布局，在中国古建筑史上尚属罕见，其重大价值不言而喻。1996 年，诸葛八卦村被国务院公布为全国重点文物保护单位。

池湖村落水系

芝堰古村水系（宋）

水流千家　千家流水

芝堰村地处兰溪与建德交界，古称芝溪，始建于南宋淳熙年间，至今已有860多年的历史，因村旁山上多产灵芝，芝溪上多堰坝而名芝堰。整个村形以“笔墨纸砚”布局，水系环村，古建筑数量达到60多处，集元、明、清、民国建筑于一村，

芝堰古村水系

被古建筑学家称为还原古生活的“活化石”，具有“中国民居博物馆”和“四朝瑰宝”之称，为国务院公布第六批全国文物重点保护单位，至今尚存九幢规模较大的元、明、清厅堂和一条古街。

芝堰村曾经是古婺州与严州的重要驿站。水文化、驿文化的基因一开始就融入这座江南古村落的血脉中。居民门前水渠贯通，保存状况良好。

芝堰水系由水源头、水渠、半月塘、民居中的天井、活水明堂共同组成。芝堰水系源出自村后芝溪河道上游的芝堰坝，古时拦河抬升，使水流入村庄。芝堰水系最显著的特点，是由人工水系形成的水景观及芝堰特有的村落风貌。芝堰的水系经过水渠连接着家家户户，方便了居民的生产和生活，同时也满足了消防用水。1979年,芝堰水库建成后，为古村水系提供了稳定、充足的水源保障。

芝堰古村水系选址巧妙，水系完整，水是由地势较高的村西北引芝溪水入村，其一水绕村、半边路半边水的格局，构成了芝堰与众不同的风貌。从人与居住环境的角度看，芝堰古村落中最有代表性的就是全村的人工水系。芝堰村青山环抱，一股渠水穿村而过，与村口的月牙形池塘半月塘相通，形成了全村的人工水系，把水的美发挥得

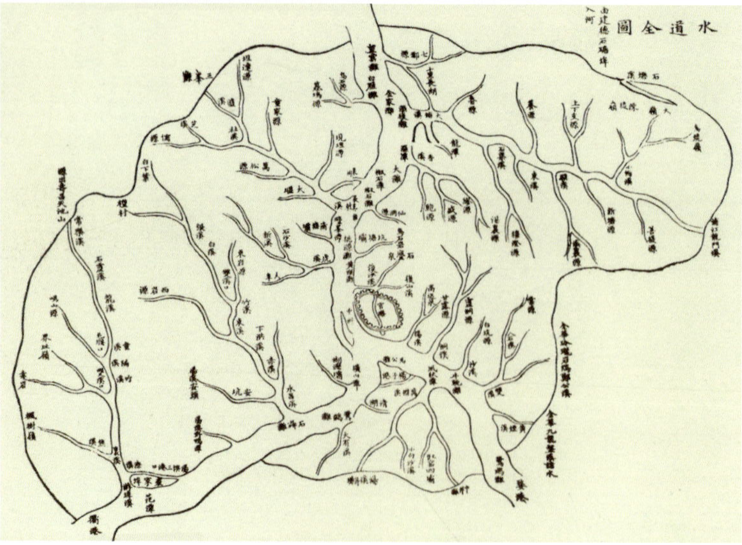

兰溪县水道图

芝堰古村水系

淋漓尽致。村中的水系由与路平行的水渠组成，或明或暗，或隐或现，2000 多米的水渠，水流千家，千家流水，使村落充满生动感、生命感。

半月塘，因形状酷似半个月亮而得名，面向西山，北向中山，旁有环村水渠流经。半月塘是芝堰水系发展的重点，半月塘正好位于村落的门户处，衍德堂正南面，活水明堂的正西面，是芝堰水系的重要组成部分。在地狭人稠、建筑密集的村落之口，半月塘由西北角水渠的进水口、东南角的出水口，引水渠的水入塘。水渠又沿半月塘的西北角绕南面而至东南角，南沿弯曲，如同半个月亮，故取名半月塘。半月塘弦长近 40 米，面积约 1500 平方米，水深约 1 米，通过一个出水口控制水位，引水至下游水渠。半月塘对整个村落的流水起到调节作用，水系还调节了小气候，并使密密层层的建筑有了活络开敞的空间。

半月塘

芝堰古村水系

芝堰的古建筑景观和水系景观的建设是整个古村落规划和建设的主要内容，在众多的传统古村落中极为罕见。芝堰人在治水上积累了丰富的经验，使水在生产、生活、美化环境方面起着重大的作用。楼舍多沿村内水渠而建，引水入宅，宅内建水池，设花坛，栽种苗木、花草，弄巷纵横交错，多设地下水道。水长流，水不息，水自然流入村舍池塘，活水不断。走进村中和街巷，几乎家家门口都有一块已磨得发亮的青石埠，用来洗衣、洗菜。溪水长年流动，能见到水底的石子和游鱼。

芝堰村保留下来的完整的古村水系，在浙江省乃至全国都难得一见，对当时居民的生产、生活，以及当地经济社会发展的研究具有重要历史意义，对今日推进生态宜居美丽乡村建设同样具有重要借鉴意义。

池湖村落水系

俞源水系（明）

星河流淌 天人合一

大凡显名的历史文化古村，在当地百姓传言或地方史籍记载中，往往是风水大师的杰作，武义的俞源也不例外。

俞源村位于武义县南部，四面环山，东南九

俞源村银河溪中桥

俞源村水系全景

龙山、六峰山为括苍山余脉，山峰最高海拔 801 米，有银河溪、前宅溪穿村而过。银河溪发脉于啸云坑、九龙坑和龙宫坑，前宅溪发源于大黄岭，在村西汇合为俞源溪，在村口呈 S 型太极河向西北流出，注入熟溪，汇于武义江。

现代建筑学泰斗梁思成在《中国建筑史》中说："风水等中国思想精神，寄托于建筑之上。"俞源的祖先凭着对环境的审美观和选址的风水观，青睐这片土地，将自己的生活希望和风水理念，贯注到包括构建水系的生态环境改造之中，营造与众不同的"太极星象"布局。

俞源村口，是一个占地 120 亩、直径达 320 米、由田、地、路、河构成的巨型太极图。流经田畈中央的 S 型太极河，准确地勾画出阴阳双鱼，鱼眼精准合宜，并体现出"阴中有阳、阳中有阴"。

阴鱼身上的阡陌田丘，由庄稼构成色块，显得分外明快清丽；阳鱼身上的古林，依然郁郁葱葱，富有生机。相传，这条太极河是明朝国师、风水巨匠刘伯温指导修建的。

村落中有少量的太极图案并非稀罕，而当人们穿过村口这幅巨型太极图，漫步于俞源古村中，便会感到惊讶了。村内的卵石路上，建筑物的墙面、梁柱和雀替、牛腿等构件上，以至梳妆盒、笔筒等生活用品上，都雕绘着大大小小的千姿百态的太极图案，初步统计已发现太极图 400 多个。这种现象，是古人追求天地人谐和的思想体现，将太极蕴涵的理念用于村落水系构造，是祖先智慧的结晶。

村中散布的七口水塘呈北斗七星形状分布，有“祖先巧设七星塘”之说，七星塘坐落在村庄

俞源村银河溪

中的上菜园、大菜园、古进士巷口、下菜园、下泉、上泉和下田屋后，按七颗北斗星分别称天枢塘、天璇塘、天玑塘、天权塘、玉衡塘、开阳塘和摇光塘。在平面图上用线条连接这七口塘，恰呈北斗七星形状。历代村人视其为七星神塘，不准填废。

村中还掘有七星井，分布在井头后、上万春堂后、裕后堂后和右侧、高坐楼后（2眼）、画家厅后，也以北斗星命名。这些井，同样被村人视为神井，给予良好的维护。

毋庸置疑，俞源祖先之所以要将水塘、水井按北斗七星格局来布设，不仅仅是为了生活用水和消防，更多的是倾注了“天人合一”的思想，寄寓着“村落永存、家族恒兴”的消灾祈福的愿望。

俞源村水系的相关设施，存留至今有代表性的如利涉桥、上石桥。

利涉桥，元代至正年间由俞姓五世祖俞涞捐建，是武义现存最为古老的石拱桥。跨村南前宅溪，是金华至丽水的古道。桥边植有垂柳，其景观“虹桥柳色”是古时俞源十景之一。桥南北走

俞源七星井

俞源村中桥

俞源村上石桥桥面

向，单跨，全长 8.33 米，桥面宽 2.5 米，拱券并联砌置，矢高 3.1 米，桥面两侧石板中间铺卵石，南北落坡略呈外八字状，各设有七级台阶。

上石桥，跨六峰巷南端的上宅溪，沟通两头民居的道路。桥由四根青石并列铺成，青石各长 7 米，宽和厚各 0.32 米。在上宅溪上，这样的桥有 3 座。常有游人提问：这么粗长的石条，每根重达数吨，采自何处？古人是怎么运到这里的？

拥有神奇水系的俞源村，古民居建筑群在 2001 年被国务院公布为全国重点文物保护单位，2003 年被国家建设部、文物局列为首批中国历史文化名村。慕名而来的八方游人，在探秘古屋的同时，无不为这谜一般的村落水系而赞叹。

池湖村落水系

嵩溪村水系（宋）

明暗溪流　阴阳堰坝

浦江县白马镇嵩溪村为“中国历史文化名村”，那1560间明清石头房子，700米长暗溪拱涵，20座石灰窑以及咿咿呀呀的浦江乱弹，共同组成了古老而鲜活的嵩溪。它因溪得名，位于浦江盆地北麓山区的一块狭长坪地上，三面环山，村后

嵩溪村水系

明暗溪

为鸡冠岩、阳龙山，村东为青龙山，村右为白虎山。自北向南两条小溪穿村而过，在村南的桥亭汇成一河，流至石姆岭水库段则被称为嵩溪。

嵩溪阴阳溪——明溪和暗溪

穿村而过的溪流一明一暗，一阴一阳。西边的明溪叫前溪，而东边后溪为暗溪，被称为“浙江省独一无二的河流”。

暗溪两侧以石灰石整齐砌岸，顶部和河底采用拱券技艺。据考证，暗溪石涵道全长 700 米，最早修建于南宋，距今已有 800 多年历史。这些拱券并不统一规整，有的拱顶弧度非常小，几乎成水平状。跨度最宽处超过 4 米，最窄处 2.3 米。桥洞最高处为 4 米，最低处 1.6 米。暗溪内沿线设置宽大的排水口，将全村的雨水通过明沟、暗沟收集，统一排入河道。在暗溪的底部，用大块青石铺底，形成“人工河床”，防止水流冲刷掏空河床。整条暗溪犹如一个两头无盖的套筒，顶、壁、底连成由天然石材建成的防洪排涝体系。

暗溪石涵道每隔百余米设一开口，共设置了 8 处，以便取水、盥洗、洗浴、防火和纳凉。开口处拦有小堰坝，形成了高低落差，分成浅水区、深水区和取水区等不同功能部分。浅水区深 10—30 厘米，主要为洗衣、洗菜之用。深水区深 50—100 厘米，主要用以洗浴或洗涤大件物品。取水区俗称“水孔”，为村民千百年来的饮用水源。上有石拱遮顶，下砌长条石水埠头，既能防止污物入井，又能为取水洗涤的村民遮风挡雨。暗溪为全村总防洪渠，构建遍布全村的雨污分流排水系统。嵩溪建村千年，从未发生过内涝。

嵩溪动静坝——阴阳坝

嵩溪村域面积 20 平方千米，共有居民 980 余户，2900 人；田地 1800 余亩，其中耕田 650 亩，历史种植水稻、小麦、荞麦、黑豆等作物。嵩溪人在嵩溪畔一代一代繁衍生息，以区区 650 亩耕田养活了三千人口大村子，这离不开江南古典农耕文明和古老的水利灌溉系统——阴阳坝。

阴阳坝：嵩溪堰坝分上下两部分，一动一静，一宽一窄，阴阳相济。堰之下部被老百姓称之为“备堰”，呈反拱结构，两头高，中间低。堰之上部被老百姓俗称为“筑堰”“作堰”，呈长方体，宽约 0.8 米。下部的备堰以固基为主，下游滚水面坡度较缓，一般为 1∶3.5—1∶8。备堰抬高稳定上游河床，减缓坡降，减低流速，起到保护堤脚作用；上部的筑堰以蓄水为主，提高水位，保证灌溉用水。备堰以反拱拱券结构，以大块石错缝迭砌，蛋壳型堰面牢牢抵住两侧堤岸，历经

嵩溪村水系

百年而不毁。筑堰以黄泥作黏结剂，利用黏土的不透水性，并加入适量石灰，加强黏结强度。洪水期间能被冲垮，降低了洪水期堰前水位，保证上游农田不被水淹。这正如现代水利的固定堰和自溃堰。

嵩溪以出产优质石灰闻名乡里，嵩溪人就用本地石灰石、黏性土、河卵石等建筑材料修筑，既便利又低成本。嵩溪防洪灌溉工程是浦江先人道法自然、与自然为友的完美体现，村落供水、防洪排涝、农田灌水、水土保持多位统一，实现了“旱能灌、涝能排”的水利奇迹，提高了村庄农业发展水平，增加了粮食产量，促进了嵩溪村的经济、文化繁荣，为人口繁衍、经济文化发展提供了支撑。

池湖村落水系

舟山二村地下水道（清）

遇涝可排水　逢险可逃生

地处永康市东南部的舟山二村，距县城 19 千米，海拔 198 米。此地群山环抱、曲水如带，一条舟山溪贯穿整座村庄。这座村子在清代属武平乡，在民国属云靖乡，至今仍保留着上百幢清末至民国初期的古建筑。无论是民居还是宗祠、店铺还是骑楼，都记录着这一方水土的悠悠往事，

舟山二村古建筑群

地下水道内部

穿行于其间，犹如行走在浙中地区的历史图景中。

值得关注的是，这些古建筑的地下设有一种“水道”。水道，顾名思义，应是供排水所用。不过，舟山二村的水道并不仅仅只有排水的功能，它还是一条地下逃生通道。

这条水道的源头在舟山二村北面的风水塘，出口则位于东南面的舟山溪，总长度约 1000 米。站在洞口，能够感受到阵阵凉风袭来，此处积水深度在二三十厘米左右。沿着洞口往里走大约 100 米的地方，淤泥开始变深，最深处可没过膝盖。水道大部分区间高 1.3—1.4 米左右，宽约 1 米，最深最窄处，高度不到 1 米，一个大人需要弯下身才能勉强通过。洞内卡口比较多，积水深浅也不同。

水道之所以能够用于紧急逃生，很重要的一个原因在于其修建的时候是以长形条石为盖。这

地下水道维护井口

些条石长约两米，架在水道上，乍看与普通道路并没有什么不同，但条石之间留有缝隙，这些缝隙能起到通风作用，可避免水道内缺氧，此外，白天光线亦可从缝隙透射进水道内，便于人们在其间通行。

关于这条水道，至今仍有一个传说。据说在清朝晚期，一伙盗贼想要入村打劫，他们四处打探村中大户人家的所在，收到口信说住在下栋房的乃是一个大财主，家境十分殷实。孰料，这伙盗贼误听口信，将“下栋房”听成了“上栋房”，晚上冲进了上栋房，将主人黄翊悦的两个儿子打死。住在上栋房的黄翊悦实际上是这大户人家的长子，受此一劫后，为防止盗贼再来侵犯，便同几个兄弟商量，建起了这种可供逃跑之用的地下水道，平时可以排水，若遇险情，则可沿水道至舟山溪逃生。

古建筑群的地下水道

据村民介绍，水道一共有 6 个出入口，其一位于奉直弟东厢房内的出入口台阶下，是整条水道保存得最为完好的一个出入口。奉直弟，即“奉直大夫”的居所，始建于 1847 年，为四合院形态，分前后二进，左右各设厢房，为清乾隆年间东巨公黄孝鸿的四个儿子所建。此外，鱼池街和方塘各有 2 个出入口，舟山溪还有 1 个。在战争时期，舟山二村的村民们，就是依靠着这条水道的 6 个出入口进行安全转移。

如今，水道不再成为村民们的逃生通道，但这条地下水道在舟山二村村民的生活中，仍然有着重要的意义——舟山二村水系发达，但在村民们的记忆中，村子里很少发生内涝现象，这跟这条保存完好的水道有着莫大的关联。

“这都是先人给我们留下的智慧和财富。”村民说。

池湖村落水系

登高山天渠和蓄水塘（宋）

凿石引清泉 筑池分功用

浦江县仙华山相传为黄帝少女元修修身升天之处。在仙华山东侧海拔 450 米的高山坪地上，有一古村名登高村，为中国传统村落。光绪《浦江县志》记载，县东二十里，有山突起众峰间，高百余丈。宋吕祖谦九日于此登高，人景仰之，故名。民间相传，吕祖谦与友人相携登临仙华山，在山

登高村蓄水塘

登高村蓄水塘

顶突然发现山腰中一村子炊烟袅袅，叹道“山下不曾见，登高才可见”，始得名“登高村”。登高村南为中埂溪源头，村东为蜈蚣溪支流源头。

古时的登高村交通极为不便，只有一条从山脚登高口开始的羊肠小道。小道全长2.5千米，以石板铺就。石板路蜿蜒曲折，两边是层层叠叠的人造梯田，抬头仰望，直入云霄。这些梯田为全村人的口粮田。800多年来，登高人能在如此高的地方安居乐业、繁衍生息，靠什么？唯有依靠“浦江水仓”——天井、天渠和天塘。

“登高天井”位于村后山腰海拔482米高的一泉眼处，泉水终年不断，据测算，出水流量约为0.8—1.2升每秒，年出泉量在3.15万立方米左右。古代村民用山上的块石垒成一个高1.8米，宽0.8米，长13米，类似新疆“坎儿井”的出水涵洞，炎炎夏日，涵洞里仍是透骨清凉。村民又用宽0.17米，高0.24米，长0.8米左右青条石，在中间凿挖开一条宽10厘米，深5厘米的U字形水槽，首尾连接，引水到村，接缝处用糯米、蛋清和石灰浆拌和，黏结止水，形成一条全长206米，落差32米，平均坡降15%的天渠。

天渠连接着村口的三口池塘——天塘。天塘呈酒葫芦形，以老石条砌成。上塘为规则的八边形，直径3.15米，深1.3米，能蓄水4立方米左右；中塘比上塘稍低，用石槽引水，长2.5米，宽2.15米，深0.9米，能蓄水5立方米左右；下塘最大，长15.6米，宽10米，深1.5米，能蓄水240立方米左右。人们恪守“上塘饮用，中塘洗菜，下塘洗衣”，世代相传，若有违反，必遭村民唾弃。从高处看，天渠天塘犹如长长藤蔓上结着的葫芦瓜，

登高山天渠和蓄水塘

寓意着登高村人瓜瓞绵长，生生不息。

天塘里的水经房前屋后水沟，注入树滋堂前的墨池，再绕过小村，成为村东 200 亩、村南 170 亩梯田的灌溉水源。明代邑人戴杞（1383—1443，登高山脚戴宅人，世人称清肃处士），有诗云：“轩名耕读北山阳，朝执犁锄暮典章。水足舜田春盎盎，炎余匡壁夜煌煌。”说明在明初时，登高村人已利用天渠、天塘来水，耕作收获。

登高村所代表的“浦江水仓”是浙中山区丘陵区域性、立体化传统复合灌溉典范，见证了千年以来中国东部人口南迁、经济重心南移的社会文化变迁史，与现代自然保护的国际最新理念完全契合，它体现了一种尊重自然、人水和谐的理念，以水定村、以水定地、以水定人、以水定产，通过就地取材、物尽其用，用最小的成本满足人们的生活、生产、灌溉、消防、生态等多种需求。

无独有偶，在登高村周围，尤其在村南梯田里，散落着一块块刻有神秘符号的巨石，巨石高达数米，兀然挺立，上部刻画着一个个形态各异、相互对称的圆圈符号，像四川三星堆铜人眼睛，圆睁的，微阖的，又似良渚玉琮的兽面纹……整块巨石犹如无字天书，散发着神秘的气息。其中一块楔子形巨石，村民称之为“金牛石”，面朝仙华山主峰。据传，登高村一带建有一个地下皇家宝窟，金牛石上刻画的是藏宝地图，谁破解了谁就可以找到宝藏。

天井、天渠、天塘、天眼、天书……这些都已成为仙华山黄帝文化圈共同组成部分，体现了居安思危的防灾减灾文化意识，等待世人揭开其神秘面纱。

井泉

浙中名泉

莲花井（宋）

莲花井位于金华市婺城区解放东路与后街交叉口东北端，为三眼井，始建于宋代。光绪《金华县志》载："莲花井，《戚志》在弦歌坊内，泉为诸井第一"。现存井圈为清代建筑，青石质，

20世纪70年代的莲花井

莲花井遗址全貌

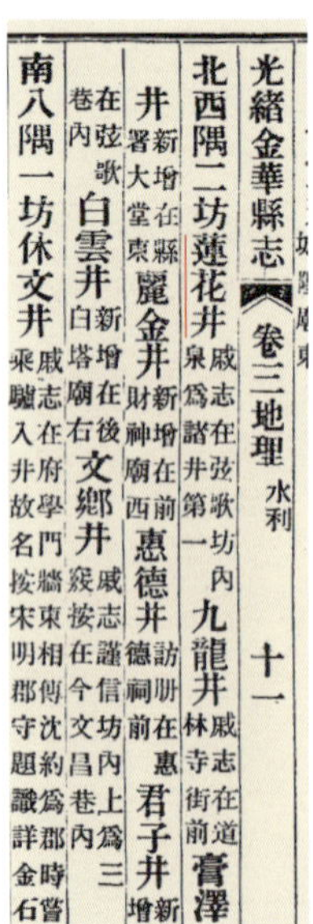

光緒金華縣志　卷三地理　水利　十一

北西隅二坊蓮花井咸志在弦歌坊內泉為諸井第一九龍井咸志在道林寺街前膏澤井新增在縣署大堂東麗金井新增在前財神廟西惠德井訪冊在惠德祠前君子井新增在弦歌巷內白雲井新增在後白塔廟右文鄉井咸志譙信坊內上為三綏按在今文昌巷內

南八隅一坊休文井咸志在府學門牆東相傳沈約為郡時嘗乘驢入井故名按宋明郡守題識詳金石

光绪《金华县志》
关于莲花井的记载

平面八边形，高 0.34 米，内圈圆形，直径 0.42 米。井壁用打制成拱形的红砂岩砌筑，深 13.5 米。每眼井圈外侧阴刻“古莲花井”四字，在相对应的两面各辟 0.05 米直径的圆孔，以锁井盖。1995 年，莲花井被公布为市级文物保护单位，这是金华第一例把古井列为文物保护单位的古代遗迹。

井泉

婺城井魁

四眼井（宋）

四眼井位于婺城区城中街道四眼井巷东口，四眼井正名为“龙井”，是宋代标准水井的一种形式。井深10米，水量36立方米，蓄水量为金华诸井之最，因有四个井眼而称“四眼井”。该井原有井屋，井上有辘轳。在古代，集四眼井而居的多为豆腐作坊，民间传说在金华城里有富、贵、贫、贱四口水井，四眼井当为富井。1861年，李世贤部属的2000名太平军在骁将刘政宏的率领下，从通济桥进入金华城，当时的金华知县吴瑞龙不敌太平军，溃败而逃，当逃到四眼井时被迎面而来的太平军杀死。

四眼井遗址全貌

古城奇窍
拦路井（明）

拦路井因拦在路中而得名，正名叫瑞安井，位于婺城区古子城八咏路的最东端的东大门进口处，使车马绕道东市街进城，以确保街区安详。拦路井井圈、井栏、井床都用青石打造，井床四周筑有井沟以保持道路干燥。光绪《金华县志》载："乾隆年间，易以石阑，刊'拦路井'三大字。"拦路井对周边建筑起到了公共消防的作用，为古代消防设施。

拦路井（瑞安井）

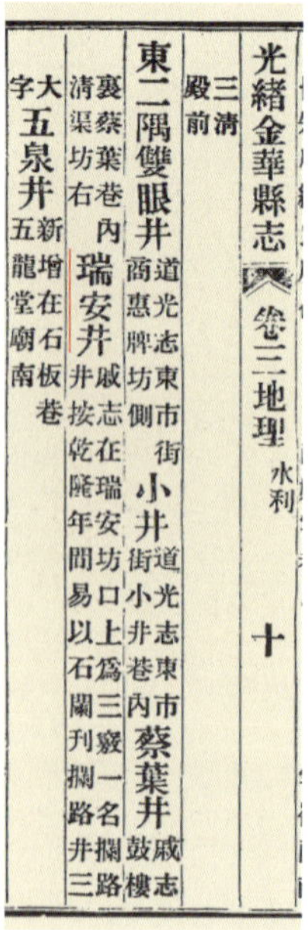
光緒金華縣志　卷三地理　水利　十

三清殿前

東二隅雙眼井道光志東市街商惠牌坊側小井道光志東市街小井巷內蔡葉井咸志鼓樓裏蔡葉巷內清渠坊右瑞安井咸志在瑞安坊口上爲三竅一名攔路井按乾隆年間易以石闌刊攔路井三大字五泉井新增在石板巷五龍堂廟南

光绪《金华县志》关于拦路井（瑞安井）的记载

井泉

星宫巷双眼井（宋）

翁婿佳话

星宫巷双眼井位于兰溪市云山街道天福山社区星宫巷 22 号边，始建于南宋，清代重修。井圈红石质，用两层弧形石砌成，上层四块，下层五块，用榫卯连接。圈内与地坪水平处用一块双眼青石

星宫巷双眼井

星宫巷双眼井文物保护碑

覆盖，眼为圆形。现存井圈位于地面以上，红石质，外径1米，内径0.8米，小眼内径0.4米，圈厚0.1米，高0.55米。1997年9月2日被列为兰溪市级文物保护单位。旧志记载，双眼井最早由南宋末年国子监助教郭昂所凿。明朝永乐年间，郭昂玄孙郭公义家境富裕，为人慷慨有义气，他的女儿嫁给礼部主事徐进，郭公义分房给女儿女婿居住，以这口井为界，东边郭家，西边徐家，两家人共用这口井，翁婿和睦相处传为美谈 。

井泉

春秋战国古井

道傍有古井 久废无与汲

春秋战国古井位于义乌市绣湖广场东北侧，是金华市现存历史最早的一口水井。2000 年 5 月 2 日在旧城改造取土过程中被发现，水井距离地表约 4 米，在水井中出土春秋战国时期细方格纹红

春秋战国古井遗址近景

春秋战国古井遗址全貌

陶罐一件。水井残深 4.1 米，木质井架残存 8 层，高 1.42 米，方形，每层用 4 根条木搭成“井”字形，条木上有榫扣，互相咬合，条木长 1.03 米，宽 0.05 米，高 0.18 米；底层岩石部分高 2.68 米，为圆形，直径 0.97 米。该古井表明在距今约 2300 年前的春秋战国时期，从已碳化的“井”字形井干式木架井构造来看，当时的木构造营造、榫卯连接技术相当成熟。2005 年 1 月被公布为义乌市级文物保护单位，现为金华市级文物保护单位。

井泉

后井（南朝）

千年时光的见证

芝英八村后井位于永康市芝英八村方塘里壁巷内，开凿于南朝。以条石砌成，圆形井壁，深约 4 米。井圈很高，足有 0.6 米，由一整块大石头从中间穿凿而成，内径 0.53 米，外径 0.82 米，

后井

井圈外围写有“公元一九七二年重修”字样。南朝陈天嘉二年(561)，东阳郡太守沈巡在《南朝杂记·应亨龄》一文中写道：“大父应项，年三十，还官里园宅。宅南凿井，有白龟吐泉，炼药既成，点瓦为金。”官里园遗迹至今尚存。2012年6月被列入永康市不可移动文物名录。

井泉

月泉（隋）

随月盈亏　千年文脉

光绪《浦江县志》载：“月泉，县北二里，源出县北仙华山之下。其泉随月为消长，自朔至望则盈，自望至晦则退，因名。”

对月泉最早的记载始于隋唐，浦江西隅朱临

月泉

月泉现状

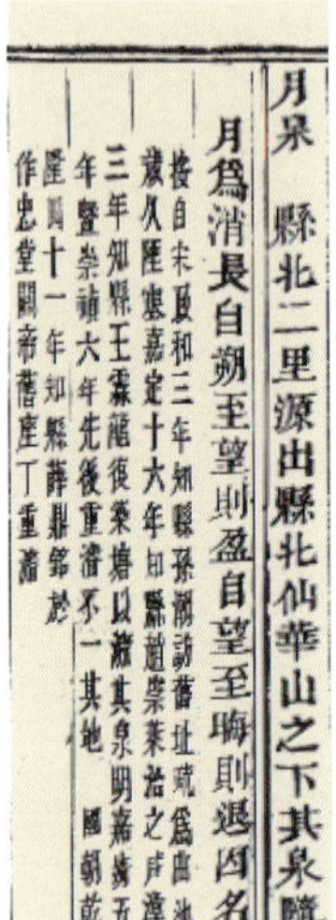

月泉 縣北二里源出縣北仙華山之下其泉隨月爲消長自朔至望則盈自望至晦則遏因名
按自宋政和三年知縣孫潮訪舊址疏爲曲池歲久湮塞嘉定十六年知縣趙崇菜治之淳三年知縣王霖龍復築塘以瀦其泉明嘉靖五年暨崇禎六年先後重濬不一其地 國朝乾隆四十一年知縣薛鼎銘於作忠堂關帝舊座丁重濬

光绪《浦江县志》关于月泉的记载

（1004—1079）著有《月泉池记》存于邑志。详细记载始于北宋政和三年（1113），知县孙潮按图牒，搜遗迹，得月泉旧址，疏月泉为曲池，筑月泉亭。时年八月，兖州仪曹楼寅亮（仪曹属礼部郎官）游月泉亭，作《月泉池记》云："因访父老名泉之由，咸谓视月盈虚以为消长。"又云："与月消长何哉？《淮南子》曰：'积阴之寒气为水，水气之精者为月。'月系乎天而生水，阳薄乎泽而生月。然则生明示象，流行地中，昧者不察也。吴越富山水，取名籍甚，惟兹泉载《地志》。"

奉议郎方登对月盈月亏有详细的记述：太极一理，气耳，分阴分阳，大化磅礴，升降八纮之中，盈虚消息，可见者惟月为著。盖月禀太阴之气，而具乾坤阴阳之理，与《易》之八卦，准惟太阴也。故其变合自坤之纯阴始。☷为坤，阴体也。阴变

则阳合，一阳动于下为☳（震），而哉生魄；越五日，二阳进于中为☱（兑），而弦始平；又五日，三阳升于上为乾，而阳体备，是为望，前之三五，阳长之候也。阳长光溢，为月之盈，☰为乾，阳体也。阳变则阴合，一阴动于下为☴巽，而魄渐減；越五日，二阴进于中为☶艮，而弦复平；又五日，三阴升于上为坤，而阴体备，是为望后之三五，阴消之候也。阴消光损，为月之亏。

月泉，在北宋浦江知县孙潮的努力下，搜得旧址疏为曲池，筑月泉亭以备游览，特别是仪曹楼寅亮、奉议郎方登作文宣传后，一时便成为浦江县内继仙华山、浦阳江之后的又一自然奇景。宋诗人徐木润有诗曰：

> 兹泉以月名，与月共亏盈。
> 万古自辉映，一泓常湛清。

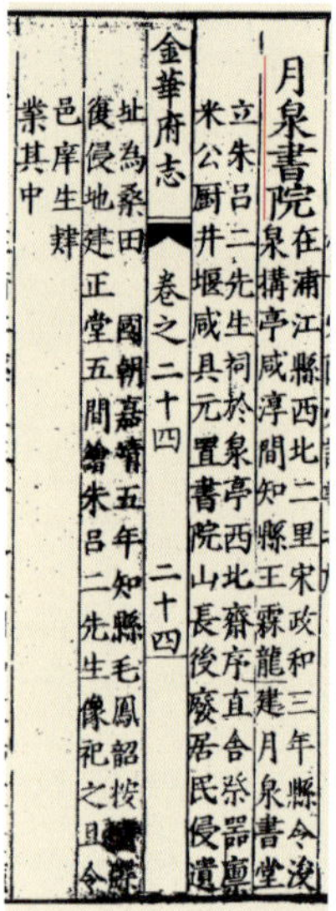
月泉書院在浦江縣西北二里宋政和三年縣令浚泉構亭咸淳間知縣王霖龍建月泉書堂立朱吕二先生祠於泉亭西北齋序直舍祭器廩米公厨井堰咸具元置書院山長後廢居民侵遺址為桑田國朝嘉靖五年知縣毛鳳韶按[illegible]復侵地建正堂五間繪朱吕二先生像祀之且令邑庠生肄業其中

金華府志 卷之二十四 二十四

万历《金华府志》关于月泉书院的记载

地通沧海脉，气合太阴精。

未尽形容妙，余诗想象成。

光绪《浦江县志》记载了历朝历代疏浚月泉的情况：

北宋政和三年（1113），知县孙潮，按图牒，搜遗迹，得月泉旧址，疏月泉为曲池，筑月泉亭。楼寅亮作《筑月泉亭记》。

南宋嘉定十六年（1223），知县赵崇莱修月泉池，县尉赵崇栗筑月泉亭。

南宋咸淳元年（1265），知县王霖龙导月泉源，复濬月泉塘、筑月泉亭。朱子槐作《月泉导源濬塘筑亭记》。

明嘉靖九年（1530），《薛志》按：自元以来，岁久池芜，书院遗址变为桑田。知县毛凤韶乃谋于县丞王庭兰，即月泉池，刈丛翳，出泥涂，浚旧地而新之，清泉迸出，若应其候者。

明崇祯六年（1633），县人张一琳捐资重濬月泉。知县吴应台撰《重濬月泉记》。

清乾隆四十一年（1776），知县薛鼎铭重濬月泉，并作《重濬月泉记》。

2013 年 7 月，距月泉第一次疏浚 900 年之际，由浙江省考古所对月泉和月泉书院遗址进行考古挖掘，月余，得月泉井、月泉池。

月泉，集天地之气、日月之潮汐，随月盈亏而涨消，是“夫理气之相为贯通也乎”，这得到了南宋著名理学家吕祖谦的关注。南宋淳熙二年（1175），吕祖谦于月泉招徒讲学。著名理学家朱熹因与陆九渊在学习观点上有争论，请吕祖谦参与研讨，遂至浦江月泉造访吕祖谦，同时讲学于月泉。淳熙八年（1181），朱熹官任提举浙东常平茶监事行部，路过浦江，又一次复会于月泉，永康陈亮闻讯赶来月泉相会，共同聚徒讲学。此后，月泉因朱熹、吕祖谦、陈亮等名儒的讲学而名声大噪，成了浦江及县内外文人雅士汇集交流的场所。

在这样的背景下，南宋咸淳三年（1267），知县王霖龙旷地十余亩，捐资运材，首创“月泉书室”于月泉亭之西北，元初至元十四年（1277）升为月泉书院，成为浦江历史上最早的书院。至元二十三年（1286）在吴渭的倡导下，方凤、谢翱、吴思齐等四人创办了“月泉吟社”，并以“春日田园杂兴”为题向全国征诗，成为中国诗歌史上第一次全国诗歌大赛。《月泉吟社诗》是中国历史上第一部诗社总集，“月泉吟社”是浦江县唯一载入《辞海》《词源》的文化条目。

月泉书院、月泉吟社之后，浦江先后创建发展了浦阳书院、东明书院、白石书院、万花斋书院等浦江历史上知名的书院和梅江吟社、嵩溪诗社、玄麓诗社、古城诗社等诗歌组织，诗歌文化发展迅速，使浦江成为“金华之诗，盛于浦阳”的地方。

月泉，成为浦江县的千年文脉。

巨浸卧虹

〔明〕唐 龙

松舟百叶浮江上，铁缆千寻贯水中。
月下独横题柱笔，一来一往踏长虹。

浮桥古渡

——婺水遗运通江海

引言

古有灞桥折柳情依，今有再别康桥意浓。即便民间传说，也有七夕鹊桥相会。

“桥的国度”，中国名不虚传。在好山好水的八婺大地，桥更是建筑、艺术、科技和文化的载体。一座座桥就如人间飞虹，连接着最美的山水，沟通着不舍的灵魂。

“桥是土地与土地的连系，桥是河流与道路的爱情，桥是船只与车辆点头致敬的驿站，桥是乘船与步行者挥手告别的地方。”诚如艾青所说。

位于兰溪市梅江镇塔山脚村的通洲桥造型敦厚坚实，桥屋飞檐翼角，雕梁画栋，叠落有致，如长虹卧波，极为壮丽美观。而20世纪著名学者曹聚仁和他结发妻子、教育家王春翠的初恋故事，则让通洲桥萦绕着凄美感人的东方“廊桥遗梦”。

命运多舛的通济桥历尽艰难，屡毁屡建，是金华江上建筑最早且唯一一座石拱桥，也是浙江境内古代最长的一座石拱桥，至今已有700多年历史。该桥不仅沟通了婺江南北，大大保障了行人的安全,还吸引了大批文人雅士。他们登桥观景、赋诗作画，为金华城市变迁留下宝贵印迹。

西津桥一反“河欲曲，桥务直”的传统造桥

规则，桥身弯曲，两头向东微翘，中间向西微弓，仿佛一枚下弦月，映照于永康江上。若是站在桥的一头遥望，则难以看到另一头。此种营造方式甚为罕见，在国内绝无仅有。

若说古桥诉说着许多的浪漫故事，那么古埠、古码头则见证了更多的烟火人生。

北人骑马，南人驾船。古时南方行旅客商、货物运输主要靠水路，古埠、古码头的存在留住了往来各方商旅的脚步，商贸才得以繁荣昌盛。

早年兰溪水运昌盛时“日有千舟竞发，夜有万户明灯”，兰江古码头停泊民船常达数千只，沿江帆船林立，大的可载重 5 万公斤，成为浙、皖、赣、闽四省农产品集散地的水陆码头。

始建于乾隆年间的佛堂浮桥与古码头，鼎盛时期江面上舳舻蔽空，码头上人声鼎沸，四面八方的物产，南来北往的商客汇聚于此。浮桥和码头默默见证了江水流逝和月落日升，见证了人世兴替和岁月变迁。

依托金华江水系，金华自古航运发达。五百滩、小码头、清波门、水门巷、上浮桥等老地名，都是昔日水埠码头繁盛的历史记忆。

如今，作为三江六岸核心段景观优化提升的新亮点，以“浮桥古渡”为代表的金华码头文化将重现婺江之畔，为三江六岸百里画廊增添一道亮丽的新景观。

廊桥，顾名思义，其桥面建有廊屋。东汉永平六年（63）的《开通褒斜道摩崖刻石》上写道：“桥阁六百三十二间，大桥五，为道二百五十八里。”其中的“桥阁”被认为就是今天“廊桥”的一种，可见至少东汉时就已有廊桥出现。

古人为何要在桥上建屋？据今人分析，主要目的有二：其一，旧时的桥梁主体多为木质材料，风吹日晒雨淋难免腐蚀，容易倾圮，桥上覆盖有屋，则可为桥身作一遮挡，延长其使用寿命；其二，亦是为往来行人遮风避雨，提供一个歇脚之处。也正因此，我国古代廊桥多建于多雨之地。

通济桥（元）

浙江境内古代最长的石拱桥

通济桥位于金华市中心八一路南端，南北走向，横跨婺江之上，俗称金华大桥、瓦桥。它是连结金华南北两区的纽带，也是通向兰溪、衢州的要道。该桥早期为浮桥，元元统二年（1334），

通济桥局部

20 世纪 70 年代的通济桥

建为十一孔石墩木梁桥，上覆廊屋。廊桥后屡建屡毁，清嘉庆十四年（1809）重修，在南北两端各增建一孔，成十三孔拱桥。壬戌水灾时部分被毁。1942 年抗战时部分被炸毁。1958 年桥北增建二孔石拱旱桥。全长 314 米，宽约 8.3 米，各孔净跨略有不同，最大净跨 12.06 米。拱券和桥墩均以大方石错缝叠砌，迎水面筑分水尖，桥两侧设栏杆。1977 年大修，灌浆加固。桥面现为混凝土浇筑，全长 314 米，桥面宽 8.3 米，高 15.4 米。改革开放后，通济桥进行了两次拓宽改造，最后一次为 2010 年 11 月 20 日开工，2011 年 12 月 21 日正式通车。

通济桥在金华市中心的婺江之上，是金华江上建筑最早且唯一一座石拱桥，也是浙江境内古代最长的一座石拱桥，至今已有 700 多年历史。

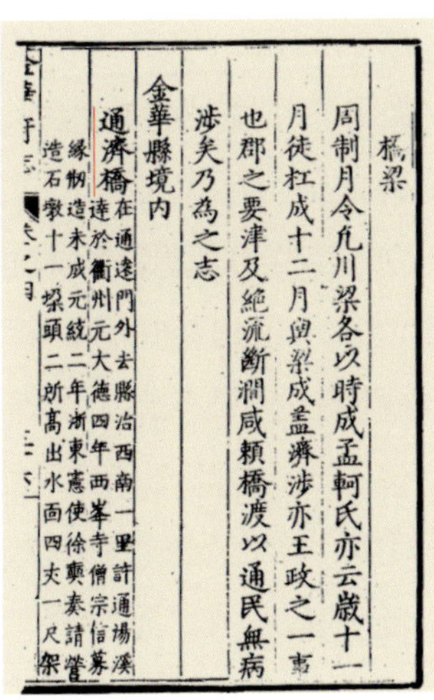

橋梁

周制月令凢川梁各以時成孟軻氏亦云歲十一月徒杠成十二月輿梁成盖濟涉亦王政之一事也郡之要津及絶流斷澗咸賴橋渡以通民無病涉矣乃為之志

金華縣境内

通濟橋在通遠門外去縣治西南一里許通揚溪達於衢州元大德四年西峯寺僧宗信募緣創造未成元統二年浙東憲使徐爽奏請營造石墩十一梁頭二所高出水面四丈一尺架

万历《金华府志》关于通济桥的记载

通济桥前身是用木板在舟上搭起的浮桥，由于双溪合流的婺江水势很急，浮桥经常被冲走，造成行人落水的悲剧。元大德四年（1300），金华西峰寺僧人宗信提出“伐石作桥，以利永久”设想，他四处募缘，亲自选定桥址，征招建桥工匠，经过五年多的艰苦施工，在浮桥的西边终于砌成了 11 个桥墩。但由于劳累过度，没等到架设桥梁，宗信就不幸逝世，工程也因此中断。

元统二年（1334）春，浙东宪使徐爽奏请朝廷继续营建停工近 30 年的通济桥，经过九年努力，到了至正二年（1342）四月，终于建成了“二台十一墩，计十二孔，架木为梁；长七十八丈，宽二丈四尺，高四丈一尺；上覆以屋，六十四楹，建有三殿二亭”的廊桥，共花资金七万余缗。这是当时钱塘江上游规模最大、长度最长、建成最早

1993 年拥堵的通济桥

的桥梁，大大保障了行人的安全，不仅是沟通婺江南北的通衢，而且还成了古婺州一个著名的旅游景点，四面八方的游人慕名而来，争睹大桥的风采。许多文人雅士也经常登桥观景、赋诗作画，抒发其对廊桥和婺江的赞美之情。明朝后期的文学家、戏曲家屠隆，就写了一首名为《通济桥》的诗，曰：“芙蓉山下锦为溪，二水迢迢绕廓西。襟带势成双浦合，檐牙高出众峰齐……”从此，通济桥声名更盛。

通济桥与宏济桥遥遥相望，命运也颇为相似，因在婺江上下游相隔不远，分别被叫作“下浮桥”和“上浮桥”。通济、宏济二桥是金华城市变迁的亲历者和见证者。

通洲桥（清）

竹叶潭深留旧网
挂钟尖外送飞霞

通洲桥位于兰溪市梅江镇塔山脚村，南北走向，横跨梅溪，是古代金华、兰溪、义乌、浦江通往严州（今建德市、桐庐县、淳安县）的必经要道。县志和碑文记载，康熙年间通洲桥是一座木

通洲桥

通洲桥局部

桥。乾隆二十三年（1758）改为石桥。嘉庆五年被洪水冲垮，暂布木桥。道光三年（1823）重修并筑水榭21间。桥长80米，宽4米，6垛5洞，青石桥面，石栏高1米。“风雨堪遮，下临百尺之长波，浅深无虑。”通州桥造型敦厚坚实，两端桥门翼角起翘，桥中有亭阁神龛，桥屋飞檐翼角，雕梁画栋，叠落有致，如长虹卧波，具有较高的文物价值。桥头小山名曰“挂钟尖”，山脚是竹叶潭，山顶筑有一座玲珑剔透的文昌阁，桥阁交相辉映，构成一幅别具风格的画面。1982年8月29日被列为县级重点文物保护单位。1997年8月29日被公布为省文物保护单位。2019年10月7日被公布为第八批全国重点文物保护单位。

桥

西津桥（清）

永康江上的弦月

西津桥位于永康城区，南北横跨永康江，始建于清康熙年间，是一座石制桥墩的燕窝叠架式简支梁木屋廊桥。桥体全长 166 米，通阔 4 米，共有 12 墩 13 孔，最大单孔跨度 12 米，最小单

西津桥

西津桥

孔跨度 7.15 米，两端设踏跺。桥面覆屋 58 间，重檐硬山顶，桥中建有 5 间歇山顶亭阁。三架梁，左右单步梁。桥南端设有“重修碑志”等 6 道，亭阁 1 座。西津桥一反“河欲曲，桥务直”的传统造桥规则，其桥身弯曲，两头向东微翘，中间向西微弓，仿佛一枚下弦月，映照于永康江上。若是站在桥的一头遥望，则难以看到另一头，此种营造方式在国内绝无仅有。因此，桥梁专家茅以升对西津桥特别喜爱，为其题写桥名，悬于桥亭西侧。

西津桥最初只是座浮桥，到清雍正年间改为石桥，并“为屋覆之”，恐怕也与永康一地湿润多雨，木桥屡屡倾颓有关。光绪《永康县志》记载举人周景灏的文章：“邑有西津桥，自前明始萌芽，成毁者数矣，曳轮濡尾，往来病之，邑人始为略彴以济。然春夏雨与浊水洊至，或努而与石

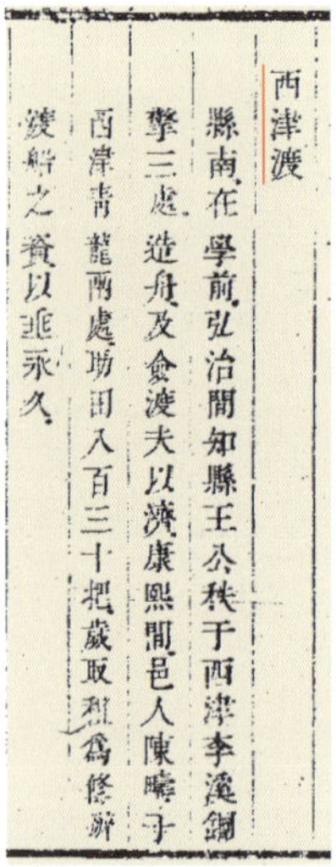

西津渡

縣南在學前弘治間知縣王公秩于西津李滄鋪擎三處造舟及僉渡夫以濟康熙間邑人陳曦子西岸青龍兩處坊田八百三十把歲取租為修辦渡船之資以垂永久

光绪《永康县志》关于西津桥的记载

激，则波白如山、鲸呿鳌掷，虽有扁舟，鼓枻失色，而舟中人竟有化为虫沙者，彼略彴之溺人又不知凡几矣。”可见当时的永康江江流汹涌，春夏之际雨水丰沛，“波白如山、鲸呿鳌掷”，而屡次建造的西津桥“成毁者数矣”，乡民只得依靠“扁舟”往来，溺亡者众。

建成后的西津桥“雁齿鼍梁，彩虹掩映，车徒任辇，如履平地”，可想见其工造精巧、雅致如虹，桥面宽阔可供车辇通行。这座廊桥最终倾圮于清乾隆四十年（1775）。

如今跨立于永康江上的西津桥，其主体部分修建于清嘉庆十一年（1806），“期年而成，长七十丈，阔一丈五尺，覆之以屋，计六十有五间，视前尤为坚固云”。可知当时西津桥建成后，桥面覆盖有廊屋 65 间，比之前更为坚固。如今立于西津桥北的《西津桥重修碑记》记录了当时的修建情

西津桥

景，为了加固桥身，“工繁费縻”。

之后，西津桥又经历过若干次小修，未曾对桥体构造产生大的影响。其中一次是在清咸丰六年（1856），有西津桥南门上的一块石额枋为证。此外，西津桥在民国时期还曾毁坏过两次，一次是由于洪水，桥中段有3孔被洪水冲垮，另一次是桥上失火，桥亭毁于火中。这两次均由沈荣卿出资修复。沈荣卿出生于永康县城，为清末革命团体光复会成员，晚年隐于乡间，乐善好施。据称，为了修复西津桥，沈荣卿不惜变卖祖业，年迈力衰仍亲自在工地上监督修缮过程。

回望西津桥的历史，就是一段段被毁坏、被修复的往事。翻看这些往事，知县、僧人、太学生、革命党人……这些不同身份的人们，为同一座桥留下了同样的故事。一代又一代的永康人，就是

西津桥

这样坚持不懈地重复着同一件事情，终为今天留下了这座雁齿鼍梁的西津桥。这是战胜自然的决心，也是对跨越河流的向往。

新中国成立后至今，西津桥被维修过三次，分别开始于 1988 年、1997 年和 2005 年。这几次的修理，均是在严格遵守文物维修的原则下进行，采用原设计、原工艺，并尽可能使用原材料。

我们今天看到的西津桥，基本上保留了清嘉庆年间的形貌，古朴雅致，虹跨于永康江上，与江水互为映衬。尤其是夕阳西下，江面粼粼波光，独立长桥，观落霞与孤鹜齐飞，别有一番意趣。辛亥革命先驱吕公望的《永城八景八首》，有一首《西津晚渡》，便是描绘的此情此景："西津野渡倚长桥，晚市人回隔水遥。两岸苍烟迷去客，一肩寒日引归樵。桨穿暮霭近桃叶，帆卷斜阳拂柳条。

西津桥

东望石城明月上，渔歌何处隐闻箫。”

对于今天的永康人而言，西津桥是地方文化的象征，也是本土生活的现场。一旦桥上有屋，屋上覆檐，便形成了一方独特的场域空间。人们不仅在桥上行走，更在桥上停留。独处也好，交谈也罢，西津桥不再只是一座桥梁，它更为永康人营造了一种闲适生活。

桥

熟溪桥（宋）

巨大的板梁桥

著名的科学技术史学家、英国剑桥大学博士李约瑟，在《中国科学技术史》一书中说，中国桥梁“在宋代有一个惊人的发展，造了一系列巨大的板梁桥”。位于武义县城区，始建于宋代的熟溪

熟溪桥

熟溪桥北立面

桥，就是一个例证。

熟溪是武义县境内的主要河流，万古奔腾，在滋润两岸的同时，也成为交通阻隔。置县建城之后，南北往来仍全赖舟楫摆渡。到了南宋开禧三年（1207），县主簿石宗玉开启了架桥历史。石宗玉献薪俸，筹资金，在县城大南门外的熟溪，搭建了一座木桥。人们过桥不忘建桥人，十分感恩石主簿，尊称该桥为“石公桥”。后来，乡人在县城迎勋门内建造一座石公祠，奉祀恩公，祠边小巷亦称为石公巷。雨淋水浸，木桥易腐，居民钟文洧等善义之士，筹集资金，将石公桥改木为石，架起石梁。

邑志记载，桥梁在明嘉靖初年圮于“阳侯之波”，也就是被狂涛恶浪冲毁。之后，钟敬三等人再造桥梁，康熙《武义县志》记“为墩者八，架石

熟溪和熟溪廊桥俯瞰

其上，翼以扶栏，坚若砺矢，矫若长虹”，建成七拱石桥。

不久，这座石桥又被暴洪冲塌。嘉靖二十五年（1546），知县赵奇发起募资修桥，可是，才造了6个桥墩，就因“爱民忤上”而离职，修桥工程半途而废，所砌桥墩很快被洪水吞噬。

隆庆二年（1568），知县胡应轸曾着手修造，未能成功。两年后，熟溪南岸溪南汤村的举人、建平县主簿汤执中带头，会同乡绅耆老，共举修桥大业，知县林一鹗捐俸相助，造九孔十墩，架木为梁。桥依水名，易称“熟溪桥”。

万历四年（1576），鉴于桥梁很快因风雨而霉烂，知县谭音率先捐俸，并拿出官府中的全部赎罚金，倡导好义之民聚财鸠工，造桥屋49楹，“长五十丈，宽一丈七尺”，桥中建楼阁，初呈廊桥风貌。时任云南左布政使的钱塘人陈善写了一篇《熟溪桥记》，称赞谭知县“夫能继石公已坏之业，成前尹未就之功，使一邑之人归心焉，非贤者不能也”。

万历年间，还有知县熊秋芳曾倡募修葺，加以完善；知县陈大烈倡议筑坝，未就；知县张国裳修缮桥梁并建桥庵，写了《新建熟溪桥庵记》；知县刘养中捐岁俸倡修，写有《重修熟溪桥记》。

崇祯五年（1632），因火灾烧毁熟溪桥，知县高寰英组织重建。仅过6年又被大水冲毁。

公元1646年的冬天，知县张内有组织修复熟溪桥。康熙年间，桥梁前后3次被洪水冲毁，知县李经邦、史大受、王祚嶎先后组织募捐倡复；知县徐亮祖倡修更新桥梁后，还砌筑石坝护桥，自此长达280多年免遭洪患。

熟溪桥旧貌

到了乾隆四十三年（1778），熟溪桥“梁屋尽随火焰，石墩只留十之二三”，几任县官望而生畏，未敢倡修。过了5年，知县邓谦芳不负众望，带头捐俸百金，重倡修桥，但桥未建好，任满离去。继任知县韩席珍倡募续修，建成十墩九孔的廊桥，有桥屋51楹，桥中间建法角亭，这次修建的风格一直保留至今。光绪年间曾遭火焚，桥屋毁半，依原样修复。

熟溪廊桥能遮烈日、蔽风雨，晚清之后，这里成为商贸集市中心，逢农历每月一、四、七，桥上桥头交易兴隆。

1912年，桥修葺一新。日军侵华时，为掠夺熟溪南岸周岭一带的砩矿，竟然拆毁桥屋，铺上轨道，用矿车掠运萤石。武义人在日军投降后首先做的民生大事，就是修复熟溪桥。1946年11月兴工，次年年底举行竣工游桥典礼，77岁的寿翁何葆仁、82岁的寿婆徐世英同县机关官员一起游桥。游毕，由4位游桥老翁解银，向民众分发4000个寿包，每包国币1000元，并演戏三天四夜。名医诗人何葆仁创作长达68行的七言诗《游熟溪桥》，表达对古桥的绵绵深情，并写《重修熟溪桥记》碑文记述桥史。

成为武义古桥梁代表的熟溪桥，九孔十墩双向伸臂式，梁架作重檐左右廊式，全长 136.96 米，宽 4.8 米，重檐桥屋 49 间，状似长廊；桥中起楼作重檐庑殿顶，有楼梯可登临其上；桥两端建有五花山墙桥门，置有石狮；桥上悬有著名书法家题写的匾额、楹联。

熟溪桥 800 多年一路过来，洪毁、火焚、兵祸，灾害不断，而历代武义人和地方官，秉承南宋石公的奉献精神，为多灾多难的古桥倾心解囊，使桥梁屡毁屡修，且越修越好，成为承传武义人精神基因的一座文化桥。

道德桥（清）

横跨南北 古道通途

道德桥位于磐安县城安文街道西南处翠溪、玉溪交汇的双溪口，南北向横跨文溪，于1924年建成，是民国时期当地建造的第一座钢筋混凝土拱桥。该桥于2009年被列为县级文物保护单位，

道德桥

道德桥

2011 年被列为浙江省重点文物保护单位。

《东永桥会芳名》载，其处原为木桥，清光绪壬辰年（1892）建四墩五孔石桥，但屡建屡毁，不能正常通行。直至 1924 年，由天台某道士设计，东永桥会筹资建成，取名“道德桥”。

道德桥造型优美，线条简洁明快，为单孔钢筋混凝土拱桥，桥长 34.73 米，矢高 6.88 米。南北两端桥头呈不规则喇叭口状，南北两端桥面最宽处分别为 4.4 米、4.2 米，桥中面宽 2.8 米。两端桥墩用条石与块石叠砌，桥面与桥身均用钢筋混凝土模板现浇。桥上设篱笆式栏杆，整个桥栏采用模块一次铺设钢筋，一次浇筑成功。在桥面南、北较陡坡段采用水泥砂浆分别做成七个台阶。在桥中间东西两侧面各有一个边框，边框内用水泥雕刻“双溪”两个小繁体字，中有“道德桥”三个大繁体字，左右两边分别有“民国 ××”和“××

建造”的繁体字。

道德桥是安文通向深泽、新渥的交通咽喉，在双溪口公路大桥建成之前，它是连接深泽、新渥、冷水、仁川、双峰五个乡镇的唯一桥梁。许多学子通过此桥赴安文求学，闻道学德，走向了更广阔的远方，为国家和社会建功立业。修桥铺路本是行善积德的好事，取名“道德桥”，自有道德教化之功能，大大丰富了古桥的文化内涵。

码头和埠

佛堂古码头(清)

兴商埠千帆竞发
临古津涛声依旧

佛堂码头有浮桥，又名“万善桥”，始建于清乾隆二十五年(1760)。据嘉庆《义乌县志》记载：“万善桥，县南三十里，佛堂镇。乾隆庚辰王以琳、吴周士等倡建浮梁。”因捐资者众，故名“万善桥”。

浮桥头码头

狗市码头周围

当时义乌知县杨春畅曾作文记之。古代有诗赞美佛堂万善桥："桥浮佛镇贯长空，两岸云衢路自通。一带松舟横水面，千寻铁索锁江中。"万善桥是当时货物运输、车马人员往来东阳江两岸的重要水上交通设施。

后来又相继建了"狗市码头""猪市码头"等 10 多个码头。这些码头造型各异，分工明确。因交通工具发展，佛堂浮桥已无法满足民众交通需求，于 1967 年拆除，完成历史使命，退出历史舞台，共存续 207 年。如今东阳江岸通过文化建设，重建了古渡口，并将码头名称刻于石头上，以示往昔的商贸繁华。

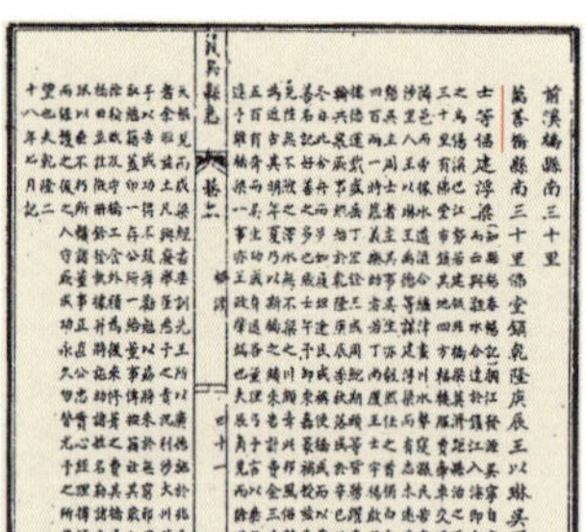
嘉庆《义乌县志》关于万善桥的记载

义乌自古物产丰富，商贸繁华，沿着东阳江，来自金华、永康、武义的木材、毛竹、家具溯流而上，义乌的大米、黄酒、红糖、两头乌猪沿江而下，物产和人员的流通，交换着信息，激荡着

官厅码头局部

思想，形成了人们敢为天下先的性格。东阳江及其支流上沿河而建的古渡口、码头，为义乌古代对外交通、经济发展和文化的形成奠定了基础。历经岁月沧桑，义乌人今天已经不再倚重水上运输，诸多古埠码头也湮灭无存、难觅踪影，仿佛从未存在过，但有一个地方却不能遗忘历史上的水运文化，那就是义乌佛堂古镇。佛堂镇濒临东阳江，古时凭借江边众多的码头和通往对岸的浮桥，成为人员货物的集散地。明清鼎盛时期，江面上舳舻蔽空，码头上人声鼎沸，四面八方的物产、南来北往的商客汇聚于此，源源不断地激发着经济活力，也积淀着深厚的历史。浮桥和码头默默见证了江水流逝和月落日升，见证了人世兴替和岁月变化，凝聚了历史，并在历史中斑驳。但它们并不会真正消失，而是在当地人们的口口相传中继续着曾经的繁华与没落。

官厅码头刻字

猪市码头平台

近年来，为复现当年一架浮桥通两岸，数个码头停放货物的盛况，人们重修了浮桥，重建了码头遗址。1968 年，在万善桥原址修建了水泥桥。水泥桥共有 9 个桥墩，上铺水泥板，承载能力显著超过浮桥，也不必担心山洪冲毁之患。

2013 年，为发展佛堂古镇旅游业，佛堂民间企业家再次捐资重建佛堂浮桥，欲再现“万善桥”。2017 年佛堂浮桥建成，当年 11 月 28 日举行了通桥仪式。浮桥身姿再现于江面。新建浮桥由 20 艘船只用铁索相连，并排浮于水面，两头固定于岸边，桥上搭以木板，其美观程度较古桥有过之而无不及。赶上节假日，桥上还会插上彩旗，更添几分豪情与壮丽。万善浮桥的重建，是佛堂水上交通史的继承与延续，寄托着佛堂人的文化认同和浓厚乡愁，也为当下的古镇增添了乡土风情。为保障东阳江行洪通畅和过往行人安全，水利部门要求每年汛期将浮桥收起，过后再重新安装，如此更增添了浮桥景观的珍稀性。秋冬至汛期前，都会有大批游客慕名而来，只为一睹浮桥靓影。浮桥已成为佛堂的文化地标，与周边重建的古渡码头一起诉说着当年的辉煌。

码头和埠

上浮桥码头（明）

金华城市变迁的见证

上浮桥码头，现名为宏济桥码头，位于金华城东。原码头边石碑上记载："宏济桥码头，又名浮桥码头、上桥头，位于义乌江宏济桥南岸。始建于明永乐年间，道光十三年（1833）修缮，现仅存码头遗址。形制呈突堤式，设如意踏跺 19 级。第 17 级踏跺东西两侧立石栓，栓上刻'道光十三

上浮桥（即宏济桥）码头局部

年岁癸巳冬建’。浙江省人民政府〔浙政发（2011）2号〕公布为省级文物保护单位。”

宏济桥码头高3.45米，设如意踏跺19级，为突堤式。平面呈六边形，上宽8.65米，中间宽15.2米，底边宽7.2米。自下而上第1级踏跺的两端各立一石墩，中部凿空，作拴船之用；第17级踏跺的东西两侧又各立石栓。

史料记载，唐宋以来的金华就已是人文江城、贸易枢纽，航运四通八达，三江六岸货船云集、百货山积、江面帆樯如林，是商贾云集之地。宏济桥码头千百年前就有船渡史，最早是坝头潭布弄街古渡口，后来称为问津渡口，到明代才成为宏济桥码头。“径出梅花桥，双溪纳归潮”就是唐代著名诗人李白对当时金华城与水的形象描写。

码头对岸是掩映在绿树丛中的赤松门城墙遗址，西侧尚有数百年树龄的古樟树一株，南侧浮桥街89号晚清对合院建筑为中国近代著名报人邵飘萍早年在金华的旧居，这使得古码头多了一份浓郁的人文情怀。

如今，老街繁盛不在，浮桥也已难觅踪影，所幸古码头仍存，一路见证着浮桥老街的兴衰和金华城市的变迁。

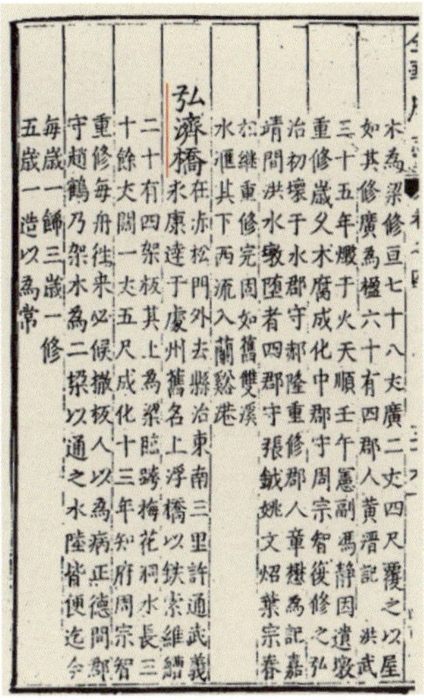
木為梁修亘七十八丈廣二丈四尺覆之以屋
如其修廣為楹六十有四郡人黃溍記洪武
三十五年燬于火天順壬午憲副馮靜因遺墩
重修歲久木腐成化中郡守周宗智復修之弘
治初壞于水郡守郝隆重修郡人章懋為記嘉
靖間洪水墩墮者四郡守張鉞姚文炤葉宗春
松繼重修完固如舊雙溪
水滙其下西流入蘭谿港
弘濟橋在赤松門外去縣治東南三里許通武義永康達于處州舊名上浮橋以鉄索維繻
二十有四架板其上為梁臨跨梅花祠水長三
十餘丈闊一丈五尺成化十三年知府周宗智
重修每舟往來必候撤板以為病正德間郡
守趙鶴乃架木為二梁以通之水陸皆便迄今
每歲一飾三歲一修
五歲一造以為常

万历《金华府志》关于宏济桥的记载

码头和埠

金华小码头（唐）

闻说金华渡　东连五百滩

金华小码头位于金华市婺江东路与西市街交叉口，古称金华渡，原为婺江北岸古婺百姓固定船只的避风港。明崇祯九年（1636），徐霞客在此码头上岸，来到了金华古城。小码头为金华古城

小码头（金华渡）牌坊

小码头（金华渡）

通远门外婺江北岸的商埠码头，是历史上浙中最为繁忙的水运码头。

万历《金华府志》载，唐贞观十一年（637）始建金钱寺。寺旁有村，名金钱寺村。村西有大片良田。村中各家五谷丰登，六畜兴旺。古时交通多依赖水路。位于金钱寺旁的婺江南岸段便成了船只夜间停靠的驿站。逢着旱水期，船夫们总要到江对面的北岸临时泊船。后金钱寺一带遭遇连年水患，有百姓北迁，开垦良田，营造屋舍，逐步扩大，于唐朝宗时期出现完善人居，即古子城。婺江北岸亦随之成为古子城百姓船只固定的避风港，人气日渐胜过南岸。行船的人歇夜，挑担的人歇脚，总要进些水米，寻个住处。岸边就有了茶摊、食铺和驿站。这便是金华小码头的雏形。李白有诗曰：“闻说金华渡，东连五百滩……他年一携手，摇艇入新安……”“金华渡”即是金华小

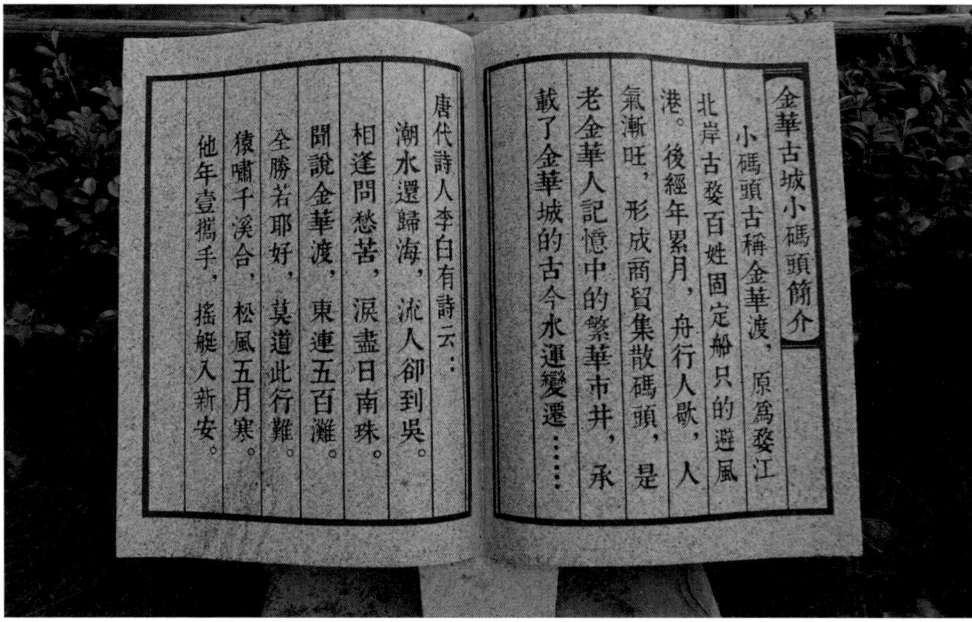

小码头（金华渡）简介

码头。可见盛唐时，金华航运已十分发达。到了明代，民间传说太祖朱元璋沿运河下江南，取道钱塘，入富春江、兰江、婺江，最终在金华小码头的陈日新饭庄下榻。

元元统二年（1334），通济桥通架南北，俗称下桥，与东阳江上的上桥即宏济大桥遥相呼应。桥上有廊房 63 间，与婺城白龙古廊桥相似，除供旅人歇脚避雨外，廊房及桥洞成了当地农产品交易及劳动力输送的集散地。金华小码头出现繁华市井。

近代的金华小码头有相对完备的物资供应配套。桥东除了有一座火神庙和一所小学，其余都是高矮不齐的商铺，错落绵延到水门附近。曾经一把茶壶两条凳的凉茶铺，早已改头换面成了世人说风云的茶馆；简陋的驿站成了二层小楼的客栈，各样吃食品类丰富，叫卖声此起彼伏。金华小码头还有了大排场的南货店，供应时令糕点，春酥夏糕，秋饼冬糖，诸如桃酥、擦酥、红回回、橘红糕、连环糕、芝麻条、芙蓉糕、糖饼、麻饼、麻腿、油金枣等都是这家的招牌好货。码头上另有米厂、副食零售店、铁匠铺、农具店、旅店、早餐店、瓷器店、肉铺、蔬果摊、废品收购店等，一应俱全。山里人伐木、砍竹、采藤，用竹子编一架竹排，载着竹木藤及香菇、木耳、山鸡、野兔等山货，水运到金华小码头。竹木随竹排浮在水门处、浮在水面上堆场，其余物资便送到廊桥上交易。待物资都换了现钱，山里人便去采购些日常所需，花上一整日甚至更久的时间挑担步行回家。此外，在与金华小码头隔着城门的西市街也呈现出一定的经济格局。小码头依水力设有碾米厂，新加工的白花花的大米由独轮车推到码头的米厂或城里兜售，大量新货下了码头，直接进了城门里的百货公司或杂货商店。

20 世纪 60 年代，金华城粮食增产，外调任务量加大。城内莲花井、四牌楼及三牌楼八万仓已然不能满足仓储需求，加之金华铁路货运日渐发达，金华城的水路交通及粮食仓储都转移到了位于当时金华火车站九号门附近的九号码头。金华小码头上停靠的船只日渐稀少，后上游修建水库，金华小码头停航。

悠悠婺江水，滔滔两岸潮。时光的洪流涤去了婺州水路航运的历史变迁，淡去了岁月里同样刻骨的艰难与温暖，在婺州人的谈笑间留下举重若轻的只言片语，留下津津乐道的舌尖美味。金华小码头老了，面目渐渐模糊，一寸一寸没入社会演进的史册。

码头和埠

兰江古码头（唐）

三江之汇 七省通衢

兰溪自古商贸繁荣，物阜民丰，素有“三江之汇，七省通衢”之美誉，民间也有“小小金华府，大大兰溪县”之称，是浙江中西部一颗璀璨夺目的明珠。

兰溪古码头——水门码头

兰溪古码头——柳家码头

1917年出版的《大中华·地理》载："金衢严为浙江上游，合三源而为一，故兰溪扼商途之总汇……今日金衢民船皆以兰溪为中心，每至必将停泊，上下其货云。"1931年出版的《浙江航运概况》载："兰江商业繁荣为钱塘江各埠之冠，船篷停泊常有数千。"停泊处如鱼贯，如雁序。

"日有千舟竞发，夜有万户明灯"说的就是早年兰溪水运昌盛的景象。兰溪是金华江和衢江、兰江三江交汇之处，航运发达。20世纪20年代，兰江码头停泊民船常达数千只，沿江帆船林立，大的可载重5万千克。后来，由于铁路、公路交通的迅速兴起，再加上新安江大坝和富春江大坝的截流，兰溪水运地位渐渐退去。

兰江古码头遗址位于兰溪市云山街道的兰江边，由官码头、水门码头、西门码头、柳家码头、朱家码头等构成，是兰溪众多码头的遗存。光绪《兰溪县志》记载，自城南北流有保安埠、水门码头、西门码头、台基码头、赵家码头、驿前码头、范家码头、庄家码头、王公桥码头、柳家码头、朱家码头、桃源渡码头等三十六码头。随着河道变迁及运输发展，沿城江边公路拓建和兰江大桥建设，许多码头也改建或易名，仅存不多的几个码头供游客游玩和居民洗涤之用。

1997年，兰溪古码头被列为兰溪市级文物保护单位。2017 年 1 月，被列为浙江省省级文物保护单位。

早在“南船北马”交通不发达的时代，兰溪就享有“七省通衢”的水陆码头称誉。现在，这里有兰(溪)寿(昌)自(沙)线、兰衢(州)线、兰金(华)线、兰浦(江)线等公路和浙赣铁路支线金岭(后)铁路过境，又有钱塘江航运之利，水陆交通方便。从这里,向西南方向沿衢江上溯可抵衢州、江山、常山、开化等钱塘江上游地区；向东南方向沿金华江上溯可至金华、义乌、东阳、永康等金衢盆地地区；顺兰江而下，可直达梅城、桐庐、富阳、杭州等钱塘江下游地区，是浙江中西部钱塘江干流沿线的一个重要水陆运输码头，成为浙、皖、赣、闽四省农产品集散地，商船云集，呈现一片“江上歌声乱笙笛，栏杆画舫纷如织”的繁荣景象。

兰江这段江道，急流浅滩较多，在新中国成立以前，江上行的大都是木帆船和竹筏，常遇搁滩的危险。码头上装卸工作全靠肩挑人抬，工人们驼着背，弯着腰，嘴上喊着号子，在舢板上装卸货物，过着“脸朝黄土背靠天，抬包挑筐压断腰；四面环水心慌乱，抖抖颤颤命难保”的艰难生活。古代诗人曾写过这样的诗：“道是兰溪

兰溪古码头——西门码头

兰溪古码头——朱家码头

水较宽，兰溪欲到怪生难。后船只羡前船快，不觉前船阁在滩。”真是“昔日船工悲歌多，血泪伴随江水流”。

今天，这种景象已一去不复返了。随着下游富春江水库以及上游山区大小水库的建设，兰江水位稳定增高了5米左右，航运条件得到了彻底改善。过去春夏雨季，江水一涨，就得停航，秋季干旱，江水变浅，又要搁滩的情形已经很少见，货运和客运已全由机动船承担。几十到上百吨级的船只除了洪水期可终年通航，拖驳船队来往无阻。过去兰溪到杭州，客运木船要行四天四夜，现在的轮船当天就可到达，加速了船舶的周转，提高了运输能力。

近来，兰溪码头的面貌也发生了明显而又深刻的变化。早已坍塌断缺的沿江大堤，已由块石混凝土代替。在码头附近，新建的料场货库一个接着一个，搬运装卸作业已实现机械化或半机械化，装卸效率成倍提高。随着富春江船闸改造工程建成投入运行，兰江航道五升四工程的实施，兰江与钱塘江实现了高等级连通，兰江又闻川流不息的马达声，一艘艘满载物资的大货船沿着衢江、兰江、富春江、钱塘江一路浩浩荡荡通江达海，融入了国家“一带一路”“长江经济带”等国家发展战略宏图，兰溪又迎来一个全新的水运复兴时代。

兰溪双塔

〔宋〕杨万里

高塔无尖低塔尖，一披锦衲一银衫。

问渠何故终不语，却倩滩声替佛谈。

人文古迹

——婺水遗迹写春秋

引言

关于“文献”，朱熹《论语集注》曰：“文，典籍也；献，贤也。”碑刻、古籍等是文献的重要类型，是带有强烈中国文化特征的重要记录形式。

自古以来，我国丰富的治水实践活动催生了大量水利碑刻、古籍作品的产生。金华地区水利碑刻数量众多、分布广泛，水利古籍亦有不少，所载内容涉及水利工程建设、水旱灾害、水规水法、水利祭祀、乡村民俗等方方面面，记录了治水实践，反映了治水态度，谱写了治水贡献，传承了治水文化。

《白沙水利碑记》记录了白沙溪三十六堰修筑的历史背景、运行情况、功能作用、乡规民约等，是了解这一世界灌溉工程遗产的重要文献。《吴中水利全书》列述太湖流域苏、松、常、镇、杭、嘉、湖七府水利修筑事项，为明代关于江南地区的重要水利著述，对于我们了解江南地区古代水利建设作用重大。《河防疏略》论及水文水利和河防管理，如两河利害、淮黄关系、运河漫溢、河堤修建、力役征调、河银支放、督催粮运、免覆河差等，为治理黄河第一手资料，对现代研究治理黄河的历史有极大参考价值。

伴随着古代水利工程的修筑与发展，寄寓人们美好愿望、镇邪避灾的风水塔，以及适宜登高望远、吟诗作赋的景观楼也先后出现。

洞山塔是一座风水塔，屹立于金华市区南郊古方村白沙溪畔的洞山上，为防水患，人们通过营造风水以求安康。八咏楼因李清照诗句“水通南国三千里，气压江城十四州”而成为千古名楼。还有地域文化的鲜活印迹——龙籍庙，供奉着本保老爷和大禹王，体现出浙中地区乡民朴素的世界观和自然观。

治水千秋业，精神一脉传。珍贵的治水文献再现了先民与洪水艰苦卓绝的斗争以及流淌千年的治水智慧，至今屹立的楼宇和庙堂承载了历代文人墨客的吟咏和百姓美好的寄托，值得研读与细品。

塔楼

古方洞山塔（明）

耸壑昂霄

洞山塔位于金华市区南郊古方村白沙溪畔的洞山上，走过几十级的石阶路可直达山顶。古塔屹立在山顶，四周长满枫树和竹林。这是座六角形阁楼式的空心古塔，共有 7 层，底层开有小门，

洞山塔

塔中放着一张木梯。门旁立着一块水泥浇筑的石碑，写着“洞山塔”。

洞山塔建于明万历二十三年（1595），为楼阁式砖塔，呈平面六角形，共7层，高20余米。塔身逐层内收，每层青瓦腰檐，均有券门。底层券门嵌石匾一方，刻“耸壑昂霄”四字。

洞山塔

洞山塔是风水塔。中国古代的塔分两种，佛塔和风水塔。明代时流行建风水塔，以浙中、浙西一带尤其盛行，龙游最多。古时临水而居的人们常遭受洪水侵害。为防水患，人们通过营造风水以求安康。古代风水塔一般建在水口。民国《汤溪县志》记载：“县东二十五里白沙溪水旋绕其下，为酤坊水口，有浮屠、文昌阁、五圣庙。”浮屠就是塔，而酤坊正是古方旧名。

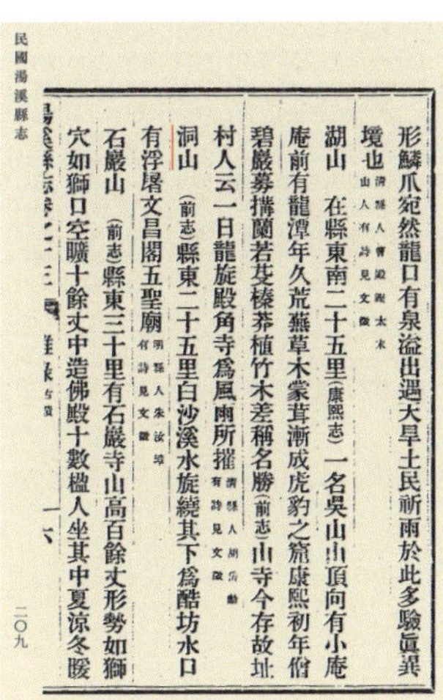

民國湯溪縣志

形鱗爪宛然龍口有泉溢出遇大旱士民祈雨於此多驗眞異境也（清縣人曹殿颺太末山人有詩見文徵）

湖山　在縣東南二十五里（康熙志）一名吳山山頂向有小庵庵前有龍潭年久荒蕪草木蒙茸漸成虎豹之窟康熙初年僧碧巖募搆蘭若芟榛莽植竹木差稱名勝（前志）山寺今存故址村人云一日龍旋殿角寺爲風雨所摧（清縣人胡尚勳有詩見文徵）

洞山　（前志）縣東二十五里白沙溪水旋繞其下爲酤坊水口有浮屠文昌閣五聖廟（明縣人朱汝璋有詩見文徵）

石巖山　（前志）縣東三十里有石巖寺山高百餘丈形勢如獅穴如獅口空曠十餘丈中造佛殿十數楹人坐其中夏涼冬暖

二〇九

民国《汤溪县志》关于洞山塔的记载

堰帖是旧时的朝廷官府根据百姓禀告、明确水权、养护工程、调解纠纷所制定的文告。明清两代至今有文字可查，朝廷、婺州司府、道宪就三十六堰合理分水，偷泄堰水、禁止放排、殴伤致讼等，曾经下帖扎付榜文的年代有：明洪武二十七年（1394）、永乐六年（1408）、景泰七年（1456）、成化六年（1470）、弘治六年（1493）、万历十年（1582）、清顺治十二年（1655），康熙五十三年（1714）等。近年发现的《万潭堰帖》记载：清光

万潭堰贴

绪三十四年（1908），特授金华县正堂赵，循旧例以息水利讼端，对三十六都三、四两图。士民叶茂桂等人呈称：万潭堰创自先朝，各出己资买田，雇工开渎筑堰，承水灌溉田禾，每年自五月初一开始，为分水将田主分作十二甲，每甲设甲一人，十二天一轮，周而复始，并无争端。然而堰帖于咸丰三年（1854）因兵灾所失。有的田主因此不循旧规，因水引起争端，要求继续给帖，杜绝恃强争水。《万潭堰帖》遵循康熙六十一年（1722）与雍正十年（1732）的旧例，作出新的规定。从堰帖所附《万潭堰图》看来，此处为万潭堰口，图中有详细的分水示意，在万潭堰口右侧，标有“铜山”，铜山上有“酤坊塔”。为何叫铜山？就如古方原名酤坊，铜山也是洞山旧名。从堰口进水到支渠、分渠、毛渠和进田渠都由各甲商定放水起止日期，水利纠纷因此平息。

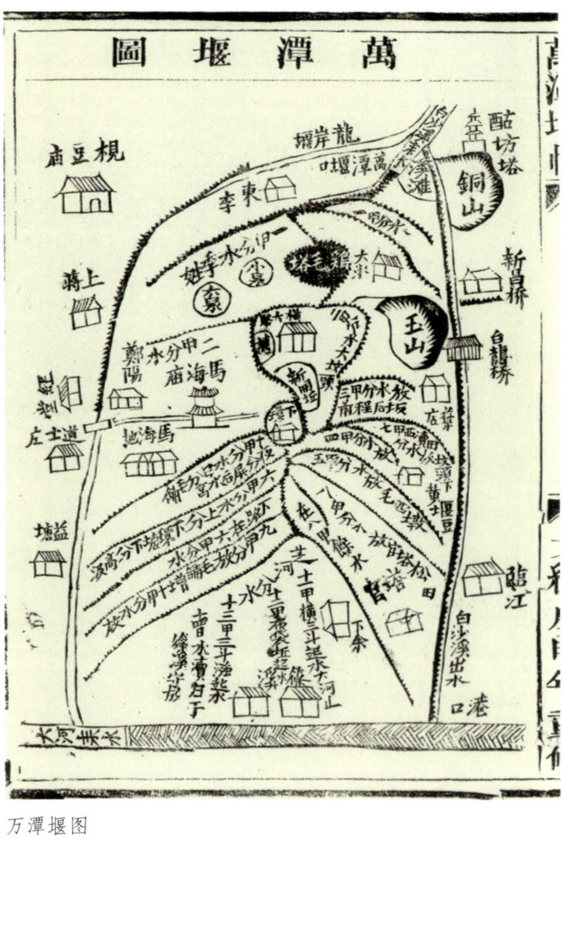

万潭堰图

洞山塔历经400多年风吹雨淋，岁月侵蚀。抗日战争时期，白沙溪对岸飞来一枚日军的炮弹，弹片击中塔身，削出一个直径几十厘米的大洞。此后，塔身日渐倾斜，且部分开裂，但洞山塔依然屹立。直至2011年，迎来修复。2017年，被列入浙江省第七批省级文保单位。

塔楼

八咏楼（南朝）

千古名楼

八咏楼是千古名楼，南朝时创建，南宋淳熙十四年（1187）扩建，元皇庆年间毁于火灾，明万历年间重建，清嘉庆年间重修，1984年大修。历代文人游此，题咏颇多。

八咏楼

八咏楼

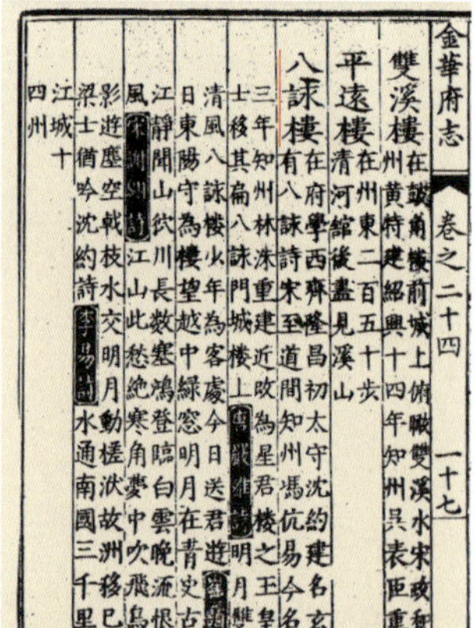

金華府志 卷之二十四 一十七

雙溪樓在鼓角樓前城上俯瞰雙溪水宋政和中知州黄特建紹興十四年知州吳表臣重建

平遠樓在州東二百五十步清河館後盡見溪山

八詠樓在府學西齊隆昌初太守沈約建名玄暢樓有八詠詩宋至道間知州馮伉易今名景祐三年知州林洙重建近改為星君樓之王皇閣道士移其扁八詠門城樓上 唐嚴維詩 明月雙溪水清風八詠樓昔年為客處今日送君遊 唐崔顥詩 梁日東陽守為樓望越中綠窗明月在青史古人空江靜聞山狖川長數塞鴻登臨白雲晚流恨此遺風 宋□□詩 江山此愁絶寒角夢中吹飛鳥過帆影遊塵空戟枝水交明月動槎洑故洲移已薄齊梁士倘吟沈約詩 李易□詩 水通南國三千里氣壓江城十四州

万历《金华府志》关于八咏楼的记载

“千古风流八咏楼，江山留与后人愁。水通南国三千里，气压江城十四州。”这首《题八咏楼》是靖康之难后，李清照避难金华，途经八咏楼而写下的。首句就写出了八咏楼的风流倜傥，诗人忧怀国恨，看到祖国壮丽的名胜，自然心生感触，如此千古名胜，却有可能落入敌人之手。接下来两句，或是对贯休《献钱尚父》诗的“满堂花醉三千客，一剑霜寒十四州”及薛涛《筹边楼》诗的“壮压西川十四州”有所取意。对前者主要是以其“三千里”之遥和“十四州”之广表达金华地位的重要，突出金华地理位置足以影响十四州的存亡（十四州指的是：平江、镇江、杭州、越州、湖州、婺州、明州、常州、温州、台州、处州、衢州、严州、秀州，金华就是婺州）；对后者改“壮压”为“气压”，其势更加壮阔。上述二诗之所以能够引起李清照的兴趣，主要当是因为薛涛诗对“边

八咏楼

事”的关注和贯休诗中所表现出的精神气骨。关于贯休，还有一段颇有趣的故事。婺州兰溪人贯休，是晚唐时的诗僧，在钱镠称吴越王时，他投诗相贺。钱王意欲称帝，要贯休改“十四州”为“四十州”，才能接见他。贯休则以“州亦难添，诗亦难改”作答，旋裹衣钵拂袖而去。贯休宁可背井离乡，远走蜀川，也不肯轻易把“十四州”改为“四十州”。李清照对这类诗句的借取，或是为了讥讽不惜土地的南宋朝廷，或是为了反衬出自己对南宋国事的忧愁。

李清照（1084—1155），号易安居士，宋齐州章丘（今山东济南章丘西北）人。宋代女词人，婉约派代表，有“千古第一才女”之称。

李清照《题八咏楼》，悲宋室之不振，慨江山之难守，其“江山留与后人愁”之句，堪称千古绝唱。

访碑记

履坦禹王庙（明）

千秋感德奠山川

“大禹治水，三过家门而不入”是大家耳熟能详的故事，他以疏代堵，耗尽心血，最终完成治理洪水大业，成为华人千年崇拜的神明。目前在武义，大小禹王庙多达 96 座，而其中最具代表性

履坦下禹王庙

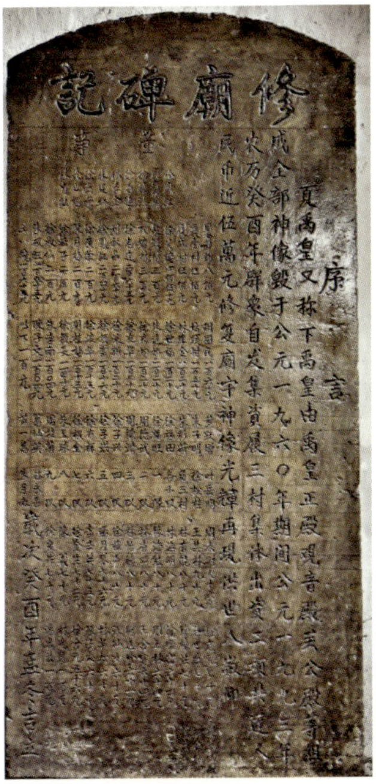

履坦下禹王庙 1993 年修庙碑记

履坦下禹王庙辛酉碑记

的，是履坦禹王庙。

禹王庙位于武义县履坦村，履坦村地处武义江南畔，县境钱塘江水系和永康江的水，都流经履坦，再从范村出境进入婺江，因此容易遭遇洪灾。上下游村口各有一座禹王庙，通称上禹王庙、下禹王庙，借禹王神威以求平安。

上禹王庙始建于明万历年间，现存建筑为清代结构，坐北朝南，分禹王庙、胡公庙两条中轴线，设有观音殿、关公殿，还有清潭寺并入。现用地 3000 平方米，建筑面积 2244.4 平方米，1993 年被公布为县文物保护点。

庙宇三进二院，存有清至民国的修庙碑刻六通。最早的《造庙碑记》已不能辨读，第二篇《修庙碑记》立于康熙三十二年（1693）。第三篇《捐助碑记》立于光绪十一年（1885），记载庙始自清朝初年，咸丰年间曾被尽毁佛像，后村人捐钱七百两有零，修葺一新。第四篇《捐助碑记》立于光绪三十三年（1907），记载“上禹王庙第地滨于河，材虽美而易败，蚁集与木，葺虽勤而常朽”，将正殿梁柱改木为石。1912 年立续修庙碑，碑文记载山洪暴涨，平地水深丈许，滨溪乡村尽成泽国，殿中神像浸坏，墙垣坍塌殆尽，父老发慈善之心，集腋成裘，不数月而功成告竣。1931 年立的碑文也记载修庙之事。

六块碑文描述庙宇沧桑，记录几经水毁或被白蚁蛀蚀，而后数次重建的历史，从中反映出履坦人对大禹的精神寄托，祈求波平水顺、村固民安。

下禹王庙建于清光绪二十三年（1897），坐北朝南，2016 年重修，设禹王正殿、大雄宝殿、包公殿、

履坦下禹王庙宣统元年泗水庵碑

关公殿、观音堂，用地850平方米，建筑700平方米。禹王殿二进二井，面宽三间。一进两侧月梁下分别题有“大清光绪二十三年岁次丁酉小阴月谷旦弟子徐丙魁敬助”“大清光绪二十三年岁次丁酉小阴月谷旦弟子徐租济敬助”字样。庙内存有清宣统元年（1909）泗水庵碑及年代不详的□□辛酉碑各一通，碑文记载修庙塑佛捐助情况。

上下禹王庙都设置较多匾联，匾额内容如“平治水土”“万民仰德”等，怀念大禹治水的功绩。上禹王庙的方形石柱雕有楹联35副，下禹王庙的方形石柱雕有楹联40副，大多引自《尚书》，为颂扬大禹治水之功，寄托护佑平安的祈愿。如制于清道光十九年（1839）的大门石柱联“冠裳临坦水，采照铜龙；玉帛会涂山，辉增金马”，坦水即指武义江的履坦段，称梅溪江。

履坦村的禹王崇拜延续至今，近年恢复市级非遗文化活动“禹王巡河”，内容丰富，独具特色。巡游路线为：下禹王庙—郭婆桥—白鹭溪—履三湿地—坛头潘午坛—庙宇。作为劳动人民心中的神明，大禹代表着顺风顺水，禹王出巡民俗祭祀活动展现了履坦一带的民俗风情。

访碑记

玉山堰碑（清）

平息纠纷的判决书

玉山堰碑位于金华市婺城区白龙桥镇东俞村祠堂，立于祠堂两柱之间，最顶部刻有玉山堰碑四字，该碑设立于清乾隆三十八年（1773）五月。

《昭利侯白沙图志》史料记载，汉代将军卢文台开挖了河流，并筑有三十六堰，而其中的玉山堰便是这三十六堰之一。对当时以农业为生的村民们来说，玉山堰的水关系到近千亩良田的灌溉。后来，为争夺该堰所有权，东俞与叶店村曾进行了长达六十几年的官司，乾隆三十八年（1773）五月，两村水利纠纷中有人员致伤、身殁。当时金华县赵知县上报此事，朝廷批复，对凶手“收监”，听候处理。事后东俞村把平息这次水利纠纷、确定合理分水的文告刻成《玉山堰碑》，嵌砌在俞氏宗祠后厅东侧的墙壁以永久保存，该石碑就是当时对这场官司所刻的判决书。由于此碑位于室内，保护较好，碑文虽有轻度的磨损，但是字字清晰。此碑目前尚未设立文保标识。

玉山堰碑

白沙水利碑记（明）

〔明〕赵崇善

赵崇善，字伯兼，号石梁，金华兰溪人。明朝万历四年（1576）中举，万历五年成为进士。曾授婺源令，擢升御史，后改任尚宝司丞，晋升太常少卿，屡次告请退休，再次启用后不久去世。他为官清廉，家居淡泊。

金华江支流白沙溪上的白沙溪三十六堰，在明代万历丁丑年（1577）被损毁，壬寅年（1602）经多方邑人合力重修，故立碑以记。碑保存于金华市婺城区琅峰山琅峰阁内。

《白沙水利碑记》原文：

余惟国家财赋取给东南，水利其孔也。廑国恤者，于利害是毖而砥柱实式凭之。浙上游婺瀫，固称岩郡，割属汤溪。而县东二十里白沙堰共三十有六所。从来焉自汉柱国昭利侯浚汇之。凡田之多寡，注之大小，地之远近，流之长短，起止分派，俯仰曲折，每与溪为谋，而惟第一大堰关键最急。夫此堰上溯十八所，而数当十九，非谓扼咽铄液，谬任凝泻，而今滥觞，涔蹄贻他蠹也。一不碍，二二不碍，则三十六堰总无碍。汤之十都、十一都、十二都，以达金之三十四都、三十六都、兰之三十一都，三县六都，水分六带，

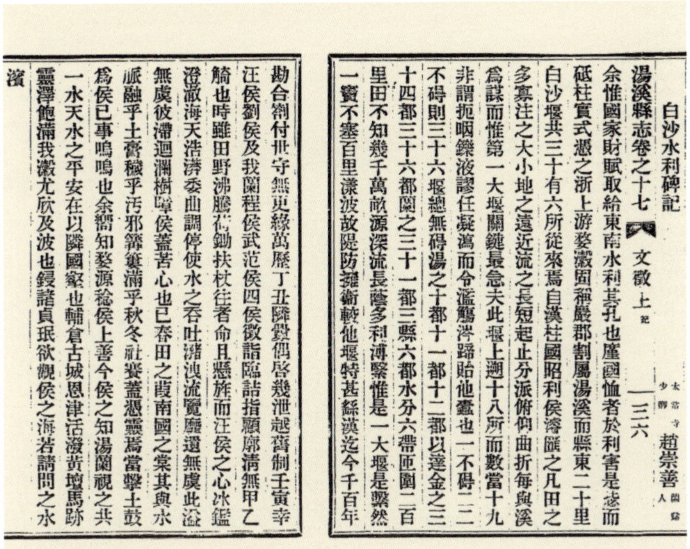

白沙水利碑記

湯溪縣志卷之十七 文徵上 記 一三六

太常寺少卿 趙崇善 閩縣人

余惟國家財賦取給東南水利甚孔也廑國恤者於利害是惎而砥柱實式憑之浙上游婺㶑固稱嚴郡割屬湯溪而縣東二十里白沙堰共三十有六所從來焉自漢柱國昭利侯濬蹝之凡田之多寡注之大小地之遠近流之長短起止分派俯仰曲折每與溪爲謀而惟第一大堰關鍵最急夫此堰上遡十八所而數當十九非謂扼咽鑠液謬任凝瀉而令濫觴涔蹄貽他蠹也一不碍二二不碍則三十六堰總無碍湯之十都十一都十二都以達金之三十四都三十六都蘭之三十一都三縣六都水分六帶匝圍二百里田不知幾千萬畝源深流長蔭多利溥緊惟是一大堰是繫然一竇不塞百里漾波故隄防擁衛較他堰特甚繇漢迄今千百年勘合劄付世守無更緣萬曆丁丑隣釁偶啓幾泄越舊制壬寅幸汪侯劉侯及我蘭程侯武范侯四侯徵詣臨詰指顧廓清無甲乙觭也時雖田野沸騰荷鋤扶杖往者命且懸旌而汪侯之心冰鑑澄澈海天浩漭委曲調停使水之吞吐潴洩流覽靡遺無虞此溢無虞彼滯迴瀾樹障侯蓋苦心也已春田之葭南國之棠其與水脈融乎土膏穢乎汚邪篝簍滿乎秋冬社賽蓋憑靈焉當擊土鼓爲侯已事嗚嗚也余嚮知婺源稔侯上善今侯之知湯蘭視之共一水天水之平安在以隣國壑也輔倉古城恩津活潑黃壇馬跡靈澤飽滿我㶑尤欣及波也鋟諸貞珉欲覩侯之海若請問之水濱

民国《汤溪县志》白沙水利碑记原文

匝围二百里，田不知几千万亩。源深流长，荫多利溥，繄惟是一大堰，是系然一窦不塞，百里漾波，故堤防拥卫，较他堰特甚。繇汉迄今千百年，勘合札付，世守无更缘。万历丁丑邻衅，偶启几泄，越旧制壬寅，幸汪侯、刘侯，及我兰程侯、武范侯四侯徵诣临诘，指雇廓清、无甲乙觭也。时虽田野沸腾，荷锄扶杖往者，命且悬旌。而汪侯之心，冰鉴澄澈，海天浩漭；委曲调停，使水之吞吐潴泄流览靡遗无虞，此溢无虞，彼滞洄澜树障，侯盖苦心也。已春田之葭，南国之棠，其与水脉融乎，土膏秽乎，污邪篝篓满乎，秋冬社赛，盖凭灵焉。当击土鼓，为侯已事呜呜也。余响知婺源稔，侯上善，今侯之知汤兰视之，共一水，天水之平安在，以邻国壑也。辅仓古城，恩津活泼，黄坛马迹，灵泽饱满，我瀫尤欣及波也。锓诸贞珉，欲观侯之海若，请问之水滨。(《民国汤溪县志》卷十七《文征上》)

夏厉都督堰碑记（元）

〔元〕柳 贯

柳贯（1270—1342），元代文学家。字道传，自号乌蜀山人，婺州浦江（今属兰溪横溪）人，博学多通，为文沉郁森容，工于书法，精于鉴赏古物和书画，经史、百氏、数术、方技、释道之书，无不贯通。官至翰林待制，兼国史院编修，系元代著名文学家、诗人、哲学家、教育家、书画家，是元代“儒林四杰”之一，元代散文家虞集、揭傒斯、黄溍、柳贯并称“儒林四杰”。

夏厉都督堰在东阳市社山西北夏厉村一带，为唐代容州刺史厉文才之所创，堰以官名，为都督堰。元至元二年（1336），浙东海右道肃政廉访使李恭复应士民之请，命县令重修旧堰，复还渠道，立碑以记之。碑现在何处未知。

《夏厉都督堰碑记》原文：

社陂潭在社山西北，因其崖堮截流为坊，曰都督堰者，唐容州刺史厉公文才之所创也。厉为里显姓，公为里闻人，民濡其惠。谓容州，实领岭南五管之政，公为都督治其地，故即其官而名之。犹郑圃之有仆射陂，汉阳之有郎官湖，著民志焉。里负山若溪，土田垆疏，岁多旱干，自公为是浸灌之利，而方境之内民获艺获之饶。降唐迄今，余五百年，人运有绝续，农功有降升，亦系乎时哉？至元改元之明年春三月，浙东海右道肃政廉访保定李公按部台，明还莅东阳，土民张清之、陈仁、张佑、张生者持状诉言：“潭并溪西注广嬴二十四亩，酾堰为灌尹村、夏厉、湖头，田可百顷。迹其上流，有泉二十眼出沙砾间，而并输于潭，故泉不耗。宋淳祐辛丑，刺史裔孙秘阁修撰厉模具其本末，镌诸贞石，今尚可考。何圭者，忮忍人也，利潭旁退滩可垦为田，日辇砂壤积置上，湮塞之余，潭存十二三耳，渠之所泄，仅溉圭田，而向所溉及之百顷，线溜不通，民病历年久矣。微公仁于爱物，勇于革奸，则刺史之意有泯无闻而已。”公方恻然为动，立逮系圭，俾伏其辜。因命县尹张君希颜按迹以复其旧。君至，且得圭变潭，广田之实，农町距踊，咸操畚锸从事，累石修崇故堰，灌其疆亩，复还渠道。而故所出泉眼亦为披决荒秽，浚发清冷。又溯源东行三百三十步薄山趾，见二泉瀵涌并出车轮，益疏沦使之通流于是。潭所汇蓄，上承原泉，下达畦垅，涵巨浸以澄虚，派洪流而导顺，有源有委，莫或壅阏者矣。县以图上其事于公，公悉如请申命，君率诸长贰并往覆，谋为经久。乃四月十有三日，张君偕县长官百嘉纳君，县丞杨公单车径造，召集耆老相厥方域，授之经画，锄镢坌兴，坻岸角立，广洫股分，清澜匀贯，纵阡衡陌，引满资深。时经月不雨，苗未及殖，东野西疃，农方告病，而兹承堰之田，水鸣汩汩，耒耜如云，趁时力作。则夫杰陂古迹，虽肇始于乡贤，渠堰新功，实延洪于部使。盖公学以通经为本，政以达道为权，轺车所至，志在观风，既激浊以扬清，亦存诚而去伪。览兹讼牒，慨悯农田，申嘉皃写之英，载采舆人之诵。废陂当复，初何俟于歌谣，大田其丰，将底至于富庶。然则论翟公召父之政，而必根诸《禹贡》《春秋》之学，可诬乎哉！予退自班行，栖隐比县，习闻道路之言，庸托风人之义，不辞纪实，贻厥方来。公所从行掾则沈君德贞、张君敏其人也。社山一名禹山，故有禹祠。其乡曰乘骢，里曰御史。自泉眼西至潭堰五百步，又自潭堰西南引至渠田九百余步，凡渠堰之广袤，具于碑阴。至元二年夏四月丙申日 太常博士 浦阳柳贯记 浙东海道保定李公条复 东阳县令希颜张公立石。

现载《东阳水利志》（题为《都督堰碑记》）、《东阳厉氏文化志》。

堤工碑记（清）

〔清〕孙　岩

孙岩，号云本，苏州人。进士，道光初任兰溪知县，明察果断，善于断狱。任上重视水利，时时督察，躬亲劝导兴修水利 24 处。

黄溢堤工碑，原在兰江右岸黄溢村的黄溢堤

黄溢堤路及重修碑记

上，民国时此碑已不存，1948年兰溪县修志馆采访得其碑文。

《堤工碑记》原文：

大凡惠水之区，皆可收水利者也。回天时，开地利，惟人谋人力是赖，否则远于水者，旱无所蓄，邻于水者，涝无所防，其患一也，兰溪负山滨河，高下异患，城北黄溢滩势处下游，且当金、衢两港之冲，民舍田庐，赖永惠堤以卫之，堤南北亘三百八十六丈，高丈二尺，广称之。创于康熙年间，修于雍正六年，工坚料实，垂六十余年，民安乐利，至乾隆六十年夏，淫雨不止，上游泛滥，冲击长堤，间断崩塌百余丈，嘉庆元年集资重修，越四年，又因水决冲断堤腹七十余丈，惟时前修未久，继功为难，每当春夏水溢，民居田亩尽被漂流，堤身日啮，收复愈艰，余于道光元年莅任兹邑，盖此堤失修二十余年矣。夫坐受其困疲，民之不得已也，除害举废，官斯土者之责也。爰集商农商榷，有邵星、陈元吉、张永品、叶大炳、叶青、陈标、陈藜火、陈剑等，俱极言修筑之宜急。余稽旧牍，创始之时，经理为星等之先人，至嘉庆元年重修，实即星等董理其事也。途必已经，人惟求旧，于是捐康首侣，且告之曰："举事者，非特经费难，而经理之人尤难，"试想同此堤也，何必创始者巩固逾周甲之期，而重修者，乃十不及一乎？此非董事之贤，远逊前人也。良田水患较前更甚耳，于时司其事者星等八人倡率劝捐，复于沾利田亩，每田一石捐租四斗，共襄厥事，余亦时周察之。兴工于道光二年五月，告成于三年八月，费银一千一百三十八元，役徒一千七百工，堤角用角石，堤面用方石，形势坚固，堤上行者无泥泞之患，而堤身亦无渗漏之虞，庶其经久克保也乎。明年余调署钱塘，又移鄞县，以上官荐牍而北上，丙戌夏仍同兰江，过黄溢滩，见延麦偃卧者，鳞次比撑，而田庐安堵，行旅坦平，不禁顾而乐之，深喜诸董事之克承先志也。冬十月，邵星等因公至署，请于余曰："往者堤之圮，赖公复之，近之四主，远之十三庄，并受其福，因也面近于创，盍为文以记之。"余辞曰："此众善之力，而董事之芳也，余亦惟是行心之所不能已者耳，其更袭美而居功？虽然，堤之兴废，实关北乡之国慰民生，非细故也，蚁穿之穴，可以溃防，吾愿后之官斯土者，观于既往，随时相度而补真之，亦安能已于言乎。"时余方集城乡绅士，讲求水利开浚者，已有四十余处，计可溪田亿万亩，闻风兴起者，正未有艾，继自今邑之水患有所防，水忠平而水利救也，顺天之时，尽地之利，惠我落民，水世无极，岂特斯堤之永惠也哉，道光丁亥八月兰溪县知县孙岩撰。

庙碑记

永康寨坑塘塘碑（清）

寨坑塘，位于永康市岩后乡灵川村，始建于明朝，正德《永康县志》有此塘记载。几经修建，坝高 12 米，蓄水 2.52 万立方米，灌田 134 亩（杨溪水库建成后，灌区农田多数被淹）。清咸丰六年（1856）发生哄坝，七年由村民胡德攀等人发动修复，订立用水管理制度，刻于石碑，至今尚存。

碑曰：

是塘于去年五月十四日屈水哄出，今特重造。

塘底型（涵）系恐山沙壅蔽，以便缴洗，节、年限：立冬后开出，清明后关转。塘型（涵）开闭，俱要塘长管理，倘有背开，背开者重罚。

塘岸宽厚，型（涵）洞长短，工费多少俱记簿里，因岩石狭不载。

董事：胡德攀、应永炎、应圣广、胡尔奎（注：另有几人姓名文字不清）。

大清咸丰七年四月吉日。

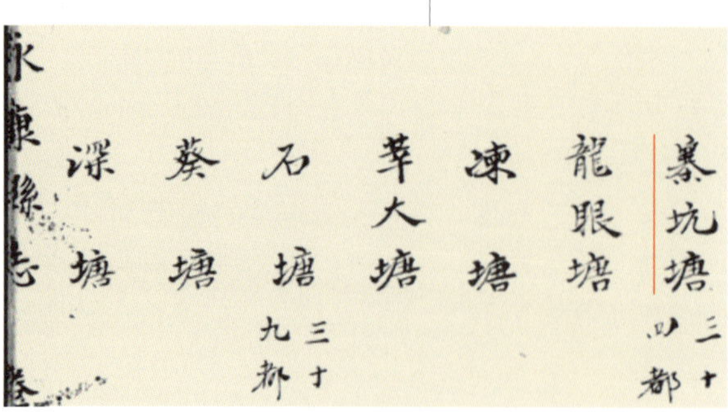
寨坑塘 三十四都
龍眼塘
湅塘
莘大塘
石塘 三十九都
葵塘
深塘

正德《永康县志》关于寨坑塘的记载

义乌钟村『壬戌洪灾』石碑（民国）

义乌市佛堂镇钟村有石碑，竖立于村东。文曰：

民国十一年六月二十一日，洪水满到此地，漂去房屋二百三十四间，溺死人口三十三名，特此纪念，合村同立。

注：1. 六月二十一日指农历。

2. “此地”即碑脚，在碑之后下侧三角尖处。

庙碑记

义乌壬戌赈济碑铭（民国）

1923年农历九月，义乌县知事李祖贻置壬戌赈济碑铭，立于今义乌市政府大楼右侧。碑分3层，底层四侧均有铭文，仅一处较完整；中层为方形盖，大于底层；上层为塔尖，已散失。

一侧铭文曰：

壬戌水灾，于浙有会。
给三万金，殊恩特沛。
姑苏冯公，德音来括。
嗟尔冬春，非救不活。

另一侧记：

前任知事陆维李　现任知事李祖贻
中华民国十二年九月吉旦。

扁碑记

永康松明塘塘碑（民国）

松明塘，位于永康城关镇东1.5千米的应家村。面积5亩，分属城关镇桃花村3/4，长城乡应家村1/4。1923年春，立碑于塘边。现石碑已被用于塘边小堰，作为小桥。碑曰：

计开本塘管注田亩四千一百九十五把，其塘规则：

议夏至后白田准撑通角，不许车满水。

议本塘无管注田，不准乱车。

议本田已经车过，必待本管注田均车过后，再行准车。

议本管注之田水，不准车无管注之田。

中华民国十二年旧历三月十三日之合同。

人物与文献

张国维与《吴中水利全书》（明）

我国古代篇幅最大的水利学巨著

张国维（1595—1646），字九一，号玉笥，东阳托塘人。天启二年（1622）进士，授番禺知县。他兴学校，课农桑，以德化民。明崇祯七年（1634）擢右佥都御史，巡抚应天、安庆等十府，请命主

张国维故居

张国维故居

张国维故居

持兴建繁昌、太湖城垣，浚松江、嘉定、上海、无锡等地河道，修筑吴江、江阴、苏州等县桥梁、塘堰、漕渠。明崇祯十三年（1640）正月，升工部右侍郎，总理河道，继任兵部右侍郎。明崇祯十五年（1642）十月，升兵部尚书。清兵入京郊，张国维获咎辞职归里，不久被捕解京下狱。路过苏州，沿途士人痛哭生祭。后以治河有功获释复职。清顺治二年（1645）五月，南都陷，张国维拥鲁王监国，进少傅兼太子太傅、武英殿大学士，督师钱塘江。次年六月十八日，张国维退守东阳。二十五日，清兵破义乌，抵东阳七里寺。二十六日午夜，张国维穿戴衣冠，向母诀别，从容赋《绝命词》三章，又写："忠孝不能两全，身为大臣，谊在必死。汝二人或尽忠，或尽孝，各行其志，毋贻大母忧，使吾抱恨泉下！"掷笔于地，付遗书于次子，投园池死。清乾隆四十一年（1776），谥忠敏。《明史》卷二七六有传。

张国维故居位于东阳市区张府前巷 28 号，题额“九如堂”，俗称“张府厅”。1995 年，正厅进行过落架大修。修复后的九如堂，分别由王惕吾题写“九如堂”，苏步青题写“张国维故居”，赵朴初题写“张国维纪念馆”，并请名流重书恢复题额、楹联等，如“建祠钦国典，锡谥仰王谟”（石韫）、“力矢全忠”（乾隆）、“星日河岳”（佚名）、“心坚抱义”（乾隆）、“忠烈可风”（佚名）、“蹈海节增新气概，触山诚烈旧英雄”（纪晓岚）等。1993 年 8 月，张国维故居被列为东阳市文物保护单位，也是爱国主义教育基地。故居东邻笃庆堂和北镇楼二处市级文物保护单位，它们组成了里托古建筑群，是东阳省级历史文化名城的重要内容之一。

张国维编著的《吴中水利全书》成书于明崇祯年间，是张国维积数年治水之经验写成，全书 70 万字，为我国古代篇幅最大的水利学巨著。书中，张国维表明撰辑该书是因为了解到苏州等府由于水利失修，自万历三十六年（1608）以后屡有水灾，百姓饱受其害，故“披故牍，上下千百世之典实，汇辑《水利全书》”。

张国维在《进呈水利全书疏》中称全书共 30 卷，现存版本为 28 卷。其书开篇 2 卷为《图》，详绘太湖流域苏州、常州、镇江、湖州、杭州、嘉兴、松江七府水利总图，各县城内水道图及县全境水利图，沿太湖各水口图，太湖、吴淞江、娄江、白茆港全图，沿海、沿长江纳潮泄水港浦图等共 52 幅并附图说。绘制极详，大小港汊均有标注。卷三《水源》，卷四《水脉》，卷五、卷六《水

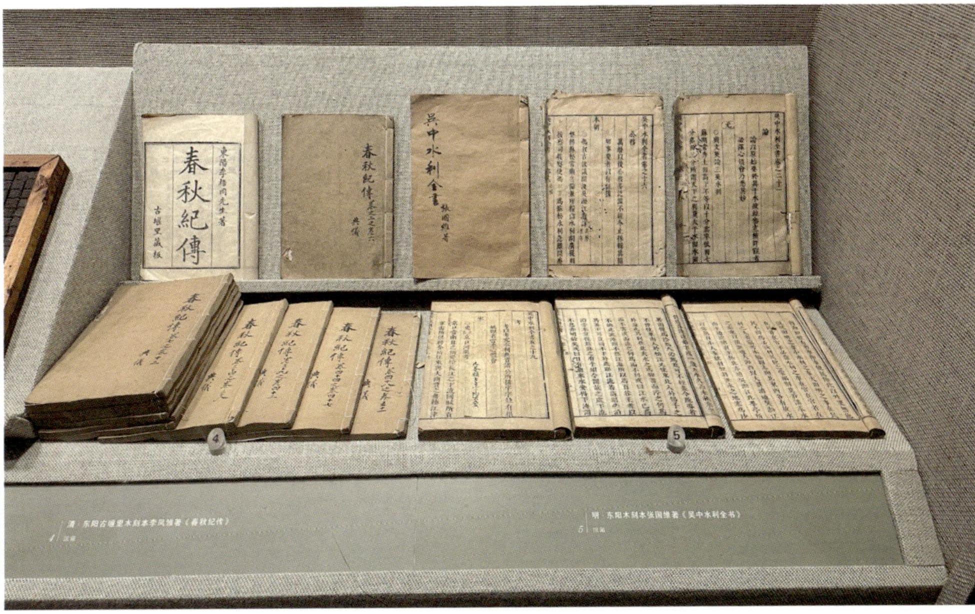

吴中水利全书

名》，卷七《河形》，记述水体源流、名称、宽窄丈尺。卷八《水年》，卷九《水官》，卷十《水治》，记述历代大水大旱年份、水利职官设置和治水工程。卷十一《诏命》，卷十二《敕谕》，卷十三《奏状》，卷十四《章疏》，记录历代官员有关奏议。卷十五、卷十六《公移》，记录有关水利的来往公牍。卷十七《书》，卷十八《志》，卷十九《考》，卷二十《说》，卷二一《论》，卷二二《议》，卷二三《序》，卷二四、卷二五《记》，卷二六《策对》，均为历代有关太湖水利的各类文献。卷二七《祀文》，卷二八《诗歌》。

《吴中水利全书》比较完备地纂辑了宋元以来有关太湖水利治理的方案和多方面问题的讨论，是明以前太湖水利著述的集大成之作，对于我们了解宋元明时期太湖的水利状况和人们的治湖、治河等水利思想有非常高的价值。该书为清乾隆年间编修的大型丛书《四库全书》所收录。

《吴中水利全书》一部明代刻本现收藏于东阳市博物馆，于历史文化展厅公开展出。该版本刻印精良，为明崇祯九年（1636）东阳刻本。原书共28卷，现存14—22卷，6册。崇祯十二年五月，《进呈水利全书疏》原文。框高270毫米，横阔170毫米。上下单边（粗线），左右双边，白口，每行22字。单鱼尾，鱼尾上为书名，鱼尾下为卷数，卷数下为目录。现存的6册内容：卷十四，章疏；卷十五、十六，公移：卷十七，书；卷十八，志；卷十九，考；卷二十，说；卷二十一，论；卷二十二，议。

人物与文献

朱之锡与《河防疏略》（清）
入选《四库全书》的水利典著

朱之锡（1623—1666），字孟九，号梅麓，义乌陇头朱山头下村人，清代治河名臣。明朝末年，其父朱三风携眷在京师经商，朱之锡于北京出生。幼时颖异，稍长通经书，南归义乌老家，中秀才，时才 15 岁。顺治二年（1645）又到北京，

朱之锡纪念馆大堂

朱之锡故居地遗址石碑

以首科荐举，第二年24岁时中进士，由庶吉士授宏文院编修。他办事勤谨，得到顺治帝嘉勉赏识，常扈从巡幸，御览诸书每先加点校。先后升迁为正詹、侍读学士、吏部侍郎。又奉命清理刑狱，悉心平反。

顺治十四年（1657），他被特擢为兵部尚书兼都察院右副都御史，总督河道，兼理军务。当时黄河决口夺淮，运河中段淤塞，夏旱秋涝，漕运受阻。朱之锡驻节济宁，统一治理黄河、淮河、运河，加强治河专职机构，整顿夫役队伍，备办物料，堵决口，修堤闸，畅漕运，他主张治标又治本，调查研究，精心筹划，如夫役、工程、钱粮、职守及诸弊端的兴革损益，皆商榷至当，先后条陈数十疏，都得到批准，行之有实效。旧志中记载，数十年来未能疏浚的淤塞，不能堵住的决口，他“皆相度经营，以是屡告成功，漕艘无阻”。他同时兼任这一带的巡按，剖决冤狱，矜恤数千百家。

康熙五年（1666）二月，朱之锡因感染风寒、劳瘁过度而逝世，时年 44 岁。鲁西南和苏北一带人民颂扬朱之锡的惠政，沿河多立庙，称之为“朱大王”。乾隆四十五年（1780），乾隆帝巡视河工，赞赏朱之锡的作为，追封助顺永宁侯，后又加封“佑安”，春秋祠祭。现义乌市区仍存昔日“梅麓公祠”旧址。《河防疏略》20 卷便是朱之锡的遗著纂辑，对现代研究治理黄河的历史有极大参考价值。1978 年，黄河水利委员会水利科学院专家王涌泉于复旦大学发现《河防疏略》原刻本。《续修四库全书》本即据复旦大学图书馆藏清康熙七年寒香馆刻本影印。

朱之锡领导治河十分勤劳，常常骑马驰驱南北巡视督导，暑天不张伞盖，冬季不穿皮袍，有时宿在野庙，有时坐在野外等天明，积劳成疾也不愿告假治病。体恤民工，亲自撰写四字一句的歌行，到处传唱，严禁官吏苛待民工。当时的济州位于河运要冲，动员船民纤夫常以万计，多有因苦累而僵卧于途。朱之锡奏请批准，革除陋规，立碑于道，民众困苦稍得缓解。顺治十八年（1661）冬，运河清口至高邮三百里间几成平陆，他召集民夫疏浚，分给食米，以工代赈，工程虽大而民不劳困。康熙元年（1662），鲁、皖、苏一带闹饥荒，朱之锡捐俸金首倡赈济，救活了许多人。他本人操守廉洁，也严禁下属贪污。治河首尾十一年，完成许多工程，河库存银反而由十万两增至四十六万余两。他本人应得的“羡余”五万两银子，全部解交国库。死后“家无余财”，故里仍是祖遗的三间泥墙平屋。义乌陇头朱山头下村东南至今仍立有一块石碑，为朱之锡故居地，可惜故居已无存，当地村民计划重建朱之锡故居。

《河防疏略》20卷，书前有康熙七年（1668）施闰章序、姜希辙序、湖广道监察御史李之芳康熙六年撰《朱之锡墓志铭》。据此可知是书为朱之锡去世后由徐埜辑成并校雠，李之芳刊刻近半，而终由会稽太守孔元起刻成。又称受命治河为顺治钦点，前后尽瘁十年，什一在署，什九在外，病逝任上。是书末修《患疾日深疏》，即为去世前一日撰成而未及拜发者。又有徐沁所辑《崇祀录》，为当时朝廷崇祀朱氏疏答之文；又有徐沁所撰《刻河防疏略引》，则述纂辑是书主旨。

是书所录如题名，编年辑录，自顺治十四年（1657）受命赴任起，迄康熙五年（1666）病逝止。各疏详具上奏日期及相关诏答。所奏多论水文水利，如两河利害、河道关系、淮黄关系、运河漫溢、河水贻害、河堤修建、水势变化、河防利弊、决口塞决、水患灾害、闸口启闭等事，为治理黄河第一手资料。又论河防管理，如力役征调、银两清理、河银支放、督催粮运、拨补夫食、免覆河差等事。治河更涉及诸多部门及官吏，故朱之锡尤重视河防人事，每年举劾官吏，于河官私征、怠玩、贪蠹、藐玩、抗玩、庸劣、疏忽职守等均严厉弹劾惩治，更五疏以申明大典，请朝廷激励褒奖有功官员，且论及裁减无益河官等事。是书又有为父母去世而请求丁艰、守制、归葬等疏，可知朱之锡治河之又一重艰难。

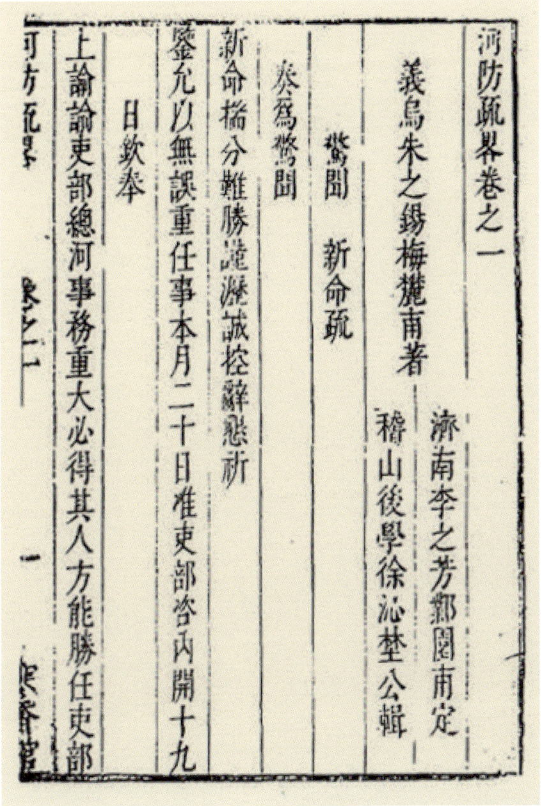
河防疏畧卷之一
義烏朱之錫梅麓甫著　濟南李之芳鄴園甫定
稽山後學徐沁埜公輯
驚聞　新命疏
奏爲驚聞
新命揣分難勝謹瀝誠控辭懇祈
鑒允以無誤重任事本月二十日准吏部咨內開十九
日欽奉
上諭諭吏部總河事務重大必得其人方能勝任吏部
河防疏畧　卷之一　一

《河防疏略》书影

朱之锡之所以被当代铭记，在于他为治理黄河作出了历史贡献。“清初治河，必兼治运。”水患给黄河、淮河、运河流域人民带来重大灾难。朱之锡奉命兵部尚书衔出任河道总督治河十载，清廉勤政，鞠躬尽瘁，无私为民，卒于任上。他的丰功伟绩彪炳于《二十五史》及郡邑志书，煌煌可考，著述《河防疏略》20卷收编入《四库全书》，彰彰显现，大禹遗风传天下。

安文山中即事

〔明〕屠　隆

萧疏别是一山川，仿佛秦人避世年。
窗下松风开穗帐，峰头云气接厨烟。
天寒古洞通樵径，石迸幽溪得酿泉。
朝市尘嚣都不到，更从何处觅神仙。

祈水乡风

——婺水遗风传福脉

引言

世异时移，古韵遗风；穿越千年，再次遇见。

非物质文化遗产的创造过程始终与灿烂的中国文明历史进程紧密联系在一起，体现着人类文明的发达程度，显示了人类在思想和实践上所能达到的智慧高度。在中国文明进程中，非物质文化遗产为中国各族人民构筑起安身立命的精神家园。

《说文解字》说："龙，鳞虫之长。"鳞虫之长，即水族之长。《荀子》又说："积水成渊，蛟龙生焉。"在中国传统思想观念里，龙王即是对水的神格化。与治水有关的非物质文化遗产，大多也与龙息息相关。

龙祈山是古代金华府祈龙求雨之地。村民祈福纳祥求安康，演绎着不少动人的传说与故事，涵养出独具神韵的村落文脉。武义将"求雨"称为"取龙"。取龙前先把附近各个龙潭的名称写好放进坛里，再用筷子夹，夹到哪个龙潭就到哪个龙潭去取龙。游龙灯是义乌市许多地方流行的一种习俗，在农村地区更为常见。逢重要节日或久旱不雨时，常见游龙灯活动，祈求龙行云布雨、消灾降福。逢年过节或逢重大喜事，浦江各地都有

“舞龙”来娱神祭祖的习俗，以企盼神龙保佑人间风调雨顺、五谷丰登和国泰民安。磐安县玉山镇佳村舞龙民俗有其独特的文化内涵，融巨龙传说、化龙岩景观、五段式舞龙程式为一体，源远流长。

这些伴随治水实践逐渐凝结而成的非物质文化遗产，记录着人类社会生产生活方式、风俗人情、文化理念等重要特性，蕴藏了金华地区的文化基因、精神特质，是金华的宝贵财富。

“保护”一词常与非物质文化遗产连用，这说明了非物质文化遗产的脆弱性。与治水有关的非遗，与其他非遗甚至任何事物一样，都将经历产生、成长、延续的过程，如何看待非遗，保护非遗，使其具有足够旺盛的生命力，值得每一位关注“水”之人深思。

金东民俗

金东布龙（五龙嬉珠）

金东区不仅有文坛巨匠艾青、人民的音乐家施光南，还拥有许多非物质文化遗产，其中就有金东布龙（五龙嬉珠）。迎布龙是岭下镇的特色传统习俗活动。

金东布龙

布龙又称“滚龙”，由古代草龙演变而来，开始先在草龙身上覆盖青色或黄色的“布贴衣”，后为适应表演，改用竹或木为骨架，至少 7 节，多至 20 多节，由绘有龙鳞的长布联缀，前为龙头，后为龙尾，多为黄红青各色。舞时有一红球（龙珠）领先引龙起舞，龙身随之翻滚腾跃，有单龙抢珠和双龙抢珠两种，表演形式丰富多彩，有盘、滚、翻、跳、戏等多种套路，伴以锣鼓更显欢快热闹。

穿着红色、黄色舞龙服的 50 名女性表演者手举 5 条栩栩如生的布龙，上下翻腾，活灵活现，从高处看更是气势磅礴。明朝初年，岭下村民先祖根据“天人合一，五行相生”的原理，按照奇数打造村庄，并以水流分五陇，形成“五龙抢珠”，这正是岭下集镇五大行政村的来源。

金东民俗

金东划旱船

在金东区溪干村（现改名为清江村），流行着过两个年的说法，一个是新年，一个是二月二。每年的农历二月初二前后，村里都要组织民俗活动——划旱船。这个活动可以追溯到明朝年间，

划旱船

划旱船

当时的溪干村还叫作清江村。

这里是范仲淹后裔清江支派的最大聚居地。传说，范仲淹的义子范纯诚是金华范氏的祖先。范纯诚曾任婺州节度使，死后安葬于溪干村的蛇山上，他的儿子范正辞留在溪干村守墓而定居下来。

明宣德二年（1427），范纯诚的玄孙范泉到溪干村省亲，农历二月初二从溪干村婺江渡口乘船返回，船行至楼下殿时，因风高浪急，不幸翻船沉江。第二年，溪干村便创立了二月初二划龙船的习俗，以此寄托对范泉的追思。后来，因划龙船曾造成翻船事故，就演变成了划旱船。

划旱船活动一般从农历二月初一开始持续到初四。初一早上，范氏族人会先到楼下殿去接龙水，然后在二月初二划着旱船挨家挨户送龙水，送吉利。2008年，村里专门成立了划旱船表演队，共有大小旱船24只，参演村民40多位。如今，划旱船早已走出村子，多次参加省、市比赛和一些节庆的表演，并成为市级非物质文化遗产。

此外，村内还建有范仲淹纪念馆，馆内塑有范仲淹等人的雕像。每年二月初二，旱船划过此地时，村民们都会纷纷入馆瞻仰祭拜贤祖。

金东邢侯信仰

邢侯名邢侯植，又称邢侯。《金华征献略》记载："邢侯讳植，行第九，金华赤松乡人。母梦金甲神入怀而诞，生有膂力。宋庆历间应武科不第，叹曰：'生不遇时，当庙食百世。'卓立而卒，乡人立庙紫岩祀之。绍兴间，命师于淮上御敌，见阵前有神长三丈，扬旗书'护国邢九公'，军得全胜，此后师中皆祀之。开禧用兵，疫疾大作，侯显灵而获痊，敕封忠佑侯，庙曰康济，又封刚应广利忠佑侯，敕封者三。凡乡民水旱，疾疫，火盗，祷之辄应。"郑刚中题其神像曰："气宇不凡，面犹心赤，殁为神灵，生为豪杰，护国佑民，恩封锡，冕旒衮衣，万年皿食。"光绪《金华县志》载："其灵尤显于水，故舟行者辄奉之。"邢侯因生有膂力，于是造出母梦金甲神入怀而诞的传说。乡人因其膂力超于常人，以为神异，死后就立庙祀，并将其状貌神化。所以绍兴年间，邢侯的传说已由金华传到江淮的军队中，成为军旅崇奉之神。开禧年间，传说邢侯为军队驱逐疾疫，以至敕封三次。邢侯除为军旅之神外，还被奉为水神。

兰溪民俗

兰溪断头龙

兰溪断头龙是国家级非物质文化遗产，流传于水亭畲族乡的民间龙舞。与其他龙舞相比，“断头龙”的最大特色是龙头、龙身分开，整条龙由龙珠、龙头及7节龙身组成。龙头和龙珠可单独表

水亭西方坞村断头龙表演

演一套套高难度的技巧动作。龙身每换一个阵图，龙头和龙珠就舞出一个套路。龙头、龙珠、龙节中可点燃红蜡烛，夜间起舞时千姿百态，色彩斑斓。

相传唐代贞观年间，连年大旱，禾苗枯焦，百姓纷纷求告龙王。龙王动了恻隐之心，奔赴天庭奏请玉皇大帝准他降雨。玉皇大帝下了一道旨令：“城内降雨七分，城外降雨三分。”龙王领旨后心想，城里降雨七分就要闹水灾，城外降雨三分又无济于事，何不换一下呢。于是在城里降了三分雨，在城外降了七分雨，城里城外的百姓都得到了好处。玉皇大帝获知，大发雷霆，怒斥龙王违抗天旨，对其处斩。

龙王被斩了首，百姓为了报答他的恩德，各村各庄都扎制了龙头，供奉在庙堂里或厅堂上，焚香礼拜。每到春节和元宵，村民扛着龙头和龙身，沿村庄游行，对龙王寄托哀思。由于龙头被斩了，龙头、龙身就分开来，所以被称作“断头龙”。

东阳民俗

东阳接龙求雨

接龙是一种求雨方式。据传，东阳龙头涧是藏龙之地，降雨是龙的工作职权，盼雨心切的乡民们自发组织，随携贡品前往龙头坎。规模较大的接龙队伍还有和尚道士山艮共同参与。山艮这一行业现已失传，使用的道具与和尚道士有别，吹的是牛角，手中挥舞的是用长头发制成的鞭。祭奠仪式过程中或其后静待小动物的出现，将最早出现的小动物视为龙的化身，接回后供奉于祠堂庙宇中，雨后让其回归大自然。与此同时，还要举行盛况空前的隆重庆典，这既是对龙的感恩，也是万民欢腾的喜庆活动。其间有罗汉班、高脚马、十二花名、莲花落等民间艺术团体的表演，热闹非凡。

义乌民俗

义乌龙祈山祈雨

龙祈山祈雨台是义乌市境内仅存的一处露天祈雨遗址，经现代重建后，核心建筑是用大理石建造的原型祭祀平台，外围环绕数道松树林。祈雨台南、北、东侧为山，是历史上祈雨圣地。

《宋史》记载，龙祈山因“画龙祈雨”而得名，龙祈山是古代金华府祈龙求雨之地，宋朝开始就

龙祈山祈雨台远景

龙祈山祈雨台近景

在德胜潭旁设龙祈府，置祈雨台。万历《义乌县志》记载："龙祈山，县北四十八里，高六十丈。山之西有水名深溪，自县北流入浦江，旱时居民祈祷，故名。"

千百年来，龙祈山村民在依山傍水的龙祈山脚繁衍生息，在如烟的岁月中，祈福纳祥求安康，演绎着不少动人的传说与故事，涵养出独具神韵的村落文脉。相传宋朝的某个夏天，金华府 8 个县遭受百年不遇的干旱，百姓的庄稼眼看着颗粒无收。体恤百姓的朱太守率领浩浩荡荡的队伍，来到义乌龙祈山德胜潭向"八脚龙"（螃蟹的化身）求雨，为民解干旱之苦。据说，朱太守接"八脚龙"时，不慎弄断了螃蟹的一条小腿。结果回府虔诚祈雨后，只有 7 个县下了滂沱大雨。朱太守纳闷，怎会少一个县的雨水呢？他揭开龙瓶的盖子查看，发现了其中的奥妙。他马上请金匠给"八

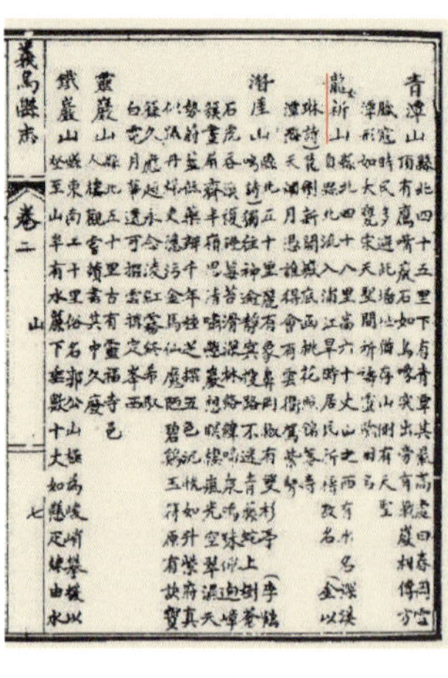

万历《义乌县志》关于龙祈山的记载

龙祈山祈雨台全貌

脚龙”镶了一条小金腿，重新做了一场求雨仪式。结果金华 8 县普降甘霖，旱情彻底解除。

龙祈山属会稽山支脉，位于义乌市苏溪镇东北，距市区约 20 千米，海拔 821 米，在江南平原中显得高耸险峻，其北边是八都水库，南边是巧溪水库。古代在义乌龙祈山这个地方求雨，是当地百姓利用了龙祈山地形。从现代地理学的角度来说，是利用了当地迎风坡环境的有利条件。

从龙祈山的地形来看，北东南三面环山，并且山峦层叠、梯级爬升，而西面是垭口，如同一把朝西摆放的太师椅。因此西部来的气流抬升作用明显，非常容易形成地形雨，降水的概率较大，降水也比一般地方多。这也就是在龙祈山设坛求雨灵验的原因。

龙祈山位于迎风坡区，它西面的同裕村一带海拔 60 米，四面开阔，而龙祈山主峰 800 多米，周围几座山也有600多米海拔。夏秋季，来自西部的暖湿气流过龙祈山爬坡时，易降温4度左右，加上求雨仪式中要焚香烧禾、燃放爆竹，不仅将大量的烟尘散发到空中，成为雨滴的凝结核，而且爆竹产生的声波易扰动稳定的气团，促使空气上下对流，容易形成对流积雨云。这些都成为龙祈山地形雨形成的有利条件，所以在龙祈山设坛求雨灵验也就不难理解了。

现在当地村民在原址上重建了龙祁山祈雨台，大理石雕刻精美，高3层，分东、西、南、北4个入口，顶层设一大理石供桌，四周设8张供桌，在东、南、北方位上，呈扇形状筑9层看台。置身其间，上述传说自然而然地便在脑海萦绕了。如今龙祈山人通过重现古代祈龙求雨仪式，以民俗活动为载体，深入挖掘龙祈山一带的文化内涵，传承纪念农耕社会人们的民俗文化，让这个充满神话传说的祈雨台被更多的当代人认识，促进龙祁山旅游产业的发展。

义乌民俗

义乌游龙灯

游龙灯是义乌市流行的一种习俗，在农村地区更为常见。逢重要节日或久旱不雨时，常见游龙灯活动。龙灯由龙头、龙身和龙尾组成。龙头平日在村里供奉，龙身则是以灯粘在板凳上，多条板凳分散拼成，龙尾占一条独立板凳。游龙灯时，村民集聚到一起，先经过祭祀仪式，祈祷风调雨

游龙灯

游龙灯准备就绪

顺、物阜民丰，后由锣鼓开道，龙头在前，龙身在后，龙尾最后，一列人浩浩荡荡，在村里走一遍。现在这种仪式更多是为了延续一种传统，增加村民娱乐活动，提高村民的凝聚力。

龙头、龙身、龙尾和龙宫用樟木雕刻而成，大小形态根据当地传说而设计。龙头翘首曲身，含珠舞爪；龙尾雕工精细、朱漆描金、神态活现；龙宫分设两殿，多层结构，雕梁画栋，翘角飞檐，碧瓦红柱，复槛回廊，浮雕壁画点缀其间。每条龙灯少则上百桥灯板，多则千桥以上。迎龙灯时，灯头红绸绣幕披挂于身，四周围绕琉璃，悬挂彩球，内点蜡烛。龙头、宫殿与龙尾之间，由诸式板灯串连而成。传说龙能行云布雨、消灾降福，象征祥瑞，所以以舞龙的方式来祈求平安和丰收就成为当地的一种习俗。

义乌民俗

义乌水车『打车子』

在义乌的乡村文化礼堂或民间收藏爱好者家中，经常可以看到一种灌溉用的传统水利工具——水车。在现代灌溉技术已经普及的今天，脚踏水车取水灌田的场景，已经成为许多人童年的记忆。很少有人还会吟唱踏车时的曲调“打车子”，要知道，就在数十年前，农忙季节义乌乡村的河边田头，还会响起那震天响的号子。节律中传递着人们的冲天干劲，表现了其对美好生活的向往。如今，这些与水有关的文化，都凝聚在有形的水车之上。义乌农人对水车有着深厚的感情，一些农家将祖辈的水车珍藏，使这些“老古董”在民间留存较多。

“打车子”又称“数车子”，是天旱时，义乌农民轮流车水时所唱的歌。尤其是东阳江两岸农民向江中“踏江车”取水时，用几部水车将江水传送到高处旱地上，由多户农民轮流车水灌溉，为“计数量”所唱的民歌。此歌唱腔高亢，声调洪亮；青壮年踏车抗旱，老幼妇送茶送饭；江边地头，遍搭凉棚；场面感人，热闹壮观。农民用这个办法来计数计时，亦是农民劳动时，以娱乐的方式减轻劳动时的劳累辛苦。1956年，“打车子”作为优秀民歌，被选送到杭州，参加浙江省民歌大赛并获一等奖。经田野调查，“打车子”所唱内容大致如下：

头回里格车子过一来嗨，头回车子哪一双个两踩过，头回车子一两零三来，头回车子哪个二双四踩过，头回车子二三零五来，头回车子哪个三双哪六踩过，头回车子三四零七来，头回车子哪双八踩过，头回车子四五零九来，头回里格五双哪十踩过啰。二回里格车子另一罗嗨，二回车子哪一双个两踩过，二回车子一两零三来，二回车子哪个二双四踩过，二回车子二三零五来，二回哪个三双六踩过，二回三四零七来，二回四双哪八踩过，二回一回另九罗，二回里格五双哪十踩过啰。三回里格车子另一罗嗨，三回哪一双个两踩过，三回哩格一二零三来，三回哪二双四踩过，三回哩格二三零五来，三回车子哪个三双哪六踩过，三回车子三四零七来，三回车子哪双八踩过，三回车子四五零九来，三回里格五双哪十踩过啰。四回……（依次如上重复）“十回里格车子满百啰呵！”后，众人齐喊：“呵噢！呵噢！呵噢！……”

永康民俗

永康后浅水灯节

永康市方岩镇后钱村后浅自然村水灯节，是金华地区独一无二的灯节，2008 年被列入永康市非物质文化遗产保护名录，2021 年 3 月被列入金华市第八批市级非物质文化遗产保护名录。后浅

水灯节

水灯节

的灯节与别处不一样，一般的灯节都在元宵节前后，而后浅的水灯节则在农历二月初二“龙抬头”这天。每到这一天，全村如过年一般，家家户户都要制作诸如十二生肖、荷花以及许多寓意美好的水灯，放流在琴溪水面上，以祈祷一年的风调雨顺、平安吉祥，真的是“万家灯火闹春桥，十里光相照”。

后浅放水灯的传统，南宋时便已开始，现代曾一度中断，1992 年重新恢复该传统。该村放水灯传统并非凭空兴起，而是由来已久，据传源于吴越国武肃王钱镠“一箭射潮，兴修水利”的爱民故事。钱镠治理杭州时，钱塘江每年洪水泛滥，为让百姓安居乐业，他发起修筑海堤。因为江潮汹涌，海堤修筑不成，部下都认为是潮神作怪。钱镠便于农历八月十八在钱塘江前布置一万名弓箭手，并声称“如潮水再来，那就不要怪我手下无情”。潮神并没有理睬钱镠的告诫，大潮当天，但见远远一条白线，飞速滚来，钱镠命万箭齐发，直射潮头，那潮头只好弯弯曲曲地退去了，海堤终于修成。钱镠去世后，百姓感其功德，开始在钱塘江上点放水灯，以祈求年年风调雨顺。后浅村 1100 多人中，98% 以上是武肃王钱镠的后裔。

以前，后浅的水灯是简易的“稻杆灯”，把稻杆扎起来当底座，晚上插上几支点燃的蜡烛放流，很容易被风吹翻。后来，不少村民对传统水灯进行了改良，如取一块方正的泡沫当作水灯的底座，再在上面插上花和蜡烛，果然平稳美观多了。时至今日，后浅水灯使用更多更好的工艺，如 LED 灯泡、蓄电池、焊接骨架等，这使水灯更美观、更稳固、更魔幻，往往引得数万人前来参观。

永康民俗

永康醒感戏《溺水殇》

醒感戏是一种典型的宗教仪式剧，它源于宋元南戏，兴起于明、清，至民国仍盛行，旨在“劝人反醒，导人归正”，被学术界称为“亚傩戏”。醒感戏熔科仪、戏剧于一炉，集演员、道士于一身，合科书、剧本为一体；人物塑造精到，意境营造巧妙，语言雅俗共赏，音乐体制多样，表演广纳博取。醒感戏是我国古老戏曲在永康的遗存，具有特殊的研究价值。2011 年，永康醒感戏入选第三批国家级非物质文化遗产名录。

古代的永康人为养家糊口而走南闯北，四处奔波，饱尝漂泊的辛酸艰难，有的甚至遭遇各种不测而客死他乡。永康人这种特殊的生存环境与谋生方式，给一些家庭带来不幸，却为醒感戏的产生提供了一定的条件。因为一旦有人客死他乡，家人必须请道士班举办招魂超度道场，将这些流落他乡的野鬼孤魂招回家中，而醒感戏的大部分剧目正是从这种超度仪式中产生的，例如《溺水殇》就是为此而写的，讲述张天师设醮超度溺水殇冤魂的故事。

浦江民俗

浦江板凳龙与滚地龙

龙文化是中华各族人民创造的优秀文化遗产，颇具鲜明的人民性、广泛的群众性。浦江有万年以上的上山文化，民间艺术历史悠久而灿烂。因此，作为中华民族图腾的龙，自然被浦江先民当

板凳龙

作祖神而敬奉，从而使扎龙舞龙等民间灯彩艺术发挥到极致。旧志记载，浦江早在宋代就已十分流行舞龙。宋代虞宅村席场桥圆桥时就有龙灯参与庆典活动。直至现代，全县几乎村村都有龙灯，这便是浦江对龙灯具有特殊感情的见证。2006 年，浦江板凳龙被列入国家级非物质文化遗产代表作名录。

逢年过节，或逢重大喜事，浦江各地都有“舞龙”来娱神祭祖的习俗，以企盼神龙保佑人间风调雨顺、五谷丰登和国泰民安。

浦江板凳龙的独到之处在于“板凳”二字。顾名思义，板凳龙就是用一条条板凳串联起来代替龙身的龙灯品种。

板凳龙的制作是民间艺术的大荟萃。制作板凳龙，首先要精选适合的凳板。安放龙头的凳板，最佳的是无节疤的适龄樟木，次则松木。龙头板凳长 3 米，宽 20 厘米，厚约 5 厘米。龙身凳板一律选用长 2.2 米、宽 10—20 厘米、厚 5—6 厘米的松木凳板。龙尾则选用长 2 米、宽厚如龙身凳板的松木。整条龙由一条条板凳节节相连，根据迎灯人数的多少而定，可以无限延长。

在浦江板凳龙制作中，工艺最为讲究的要数龙头。扎制龙头须准备好数条 1 厘米、长短不一的竹篾条，一根 2 米长、手指般粗的铁条（钢筋），拧成 S 形，还要准备笔、墨、皮纸、颜料蜡烛和用来缚束灯头的细铁丝、苎麻丝等。制作时将裱、贴、剪、刻、书、画等十八般手艺灵活运用，直至浦江板凳龙制作得庄严威武、精美绝伦。

一条浦江板凳龙，就是一座移动的民间艺术馆。里面呈现着书法、绘画、剪纸、雕刻和扎制

板凳龙

编糊等各种工艺。每年腊月扎制板凳龙的时候，各村宗祠内都挤满了扎灯能手，编扎的、题诗的、绘画的、剪纸的，样样俱全，制作现场简直是一次各项技艺的大比拼。

浦江板凳龙虽一律以凳板串联而成，但因龙头及凳板上的灯彩造型不一样，其叫法不尽相同。根据龙头的造型来区别，板凳龙有仰天龙、俯地龙、大虾龙、开口龙、闭口龙等；根据凳板上灯彩的造型来区别，有方灯、酒坛灯、龙殿灯、托盘灯、字灯、花灯、人物灯等。

浦江板凳龙的表演阵式主要有一字长龙阵、大团圆（麦饼团）、大地回春（反转麦饼团）、元宝圈、剪刀箍、青蛇溜（快速前进）、抽台门、风炉栅、蹦直街、青龙脱衣（倒退速行）等。长灯串演尤以迎灯尾——俗称“摔尾巴”表演最为精彩。

浦江板凳龙的风俗民情十分有趣，以“偷竹”取吉、“偷珠”求子、“挂红”祈财等为典型，体现浦江人对龙的崇拜和敬畏。

滚地龙

中国文化的渊源是以龙为标志，传统元宵节成为国人敬龙舞龙的节日，灯节形成至今已有千年以上的悠久历史。因此，作为有万年上山文化的浦江，其舞龙灯民俗活动尤为兴盛。在浦江，从新春元宵灯节，到各种盛大节日，都有舞龙灯的习俗，为节日增添欢乐和热闹的气氛。滚地龙便是浦江最具有特色的一种龙舞，它以其形制独特、色彩鲜艳、工艺精湛、舞姿优美、仪仗壮观、配乐激昂而独步江南。目前，全县各地有 50 余条滚地龙舞动于民间，具有代表性的有虞宅乡的虞宅龙灯、檀溪镇的寺前龙灯、浦南街道的文溪九节龙灯等。

浦江滚地龙（亦称龙灯）的最大特点是外形粗犷，舞姿优美。虽然制作简便，但表面装裱则精绘细描，绘得龙颜如活、龙麟如生、龙尾如动，整条龙惟妙惟肖。一般龙头高 80 厘米，宽 50 厘米，龙身是用篾丝编成长 60 厘米，直径 40 厘米的圆眼壳竹篰，装上木柄成一节龙身，每节 1.5 米的绸缎连接成龙的全身。两头封，再用皮纸糊好龙灯，表面画上龙鳞片，龙鳞片形似麻糍，故叫“麻糍块”，每条龙灯加上龙头、龙尾共九节，节与节之间，用红布包成半米，以圆筒连成，因距离短，迎龙头的人只需跨两步半就能咬住龙尾。龙头装饰得花枝招展、惟妙惟肖，表演“双龙抢珠”“四龙抢珠”“双开门”“梅花形”等队形时，变化无穷。浦江滚地龙于 2007 年被列入浙江省级非物质文化遗产代表作名录。

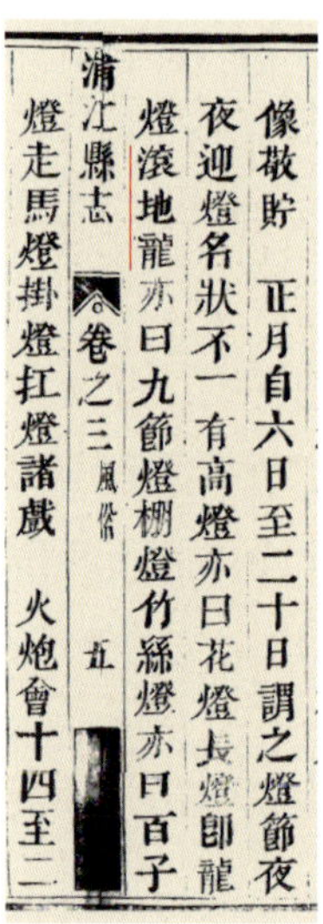
像敬貯 正月自六日至二十日謂之燈節夜
夜迎燈名狀不一有高燈亦曰花燈長燈即龍
燈滾地龍亦曰九節燈棚燈竹絲燈亦曰百子
浦江縣志 卷之三 風俗 五
燈走馬燈掛燈扛燈諸戲 火炮會十四至二

光绪《浦江县志》关于滚地龙的记载

浦江滚地龙表演基本姿态按龙的个性特征、生活情态进行生动地描绘，多配具有地方特色的浦江乱弹曲调。结合人的扭腰、甩手与转脚，紧紧围绕一个“滚”字，突出表现龙的形象与图形、动作与情趣，把人与龙融为一体，使形象更为生动，表情更为丰富，由此人走龙滚，龙形变化多端，舞姿变幻莫测。浦江滚地龙表演套路众多，主要有 30 种，包括双龙抢珠、金龙盘柱、乌龙扫尾、跳龙门、双开门、梅花形、摆游龙、侧游龙、侧游滚龙、群龙翻滚、群龙滚横“8”字舞，大横“8”字慢舞、躺地滚龙、旋滚舞、跳滚舞、半节滚舞、盘龙、双炳劲舞、对摇滚地舞、腿上滚舞、高空荷花旋舞、滚飞冲霄、龙串尾、首尾对接、滚龙脱身、跳龙珠竿、双龙抢珠打半节、龙尾高翘、三人一台、靠背上腿舞、地趟滚龙、盘龙、四龙半节滚舞、四龙抢珠、摇船舞等。如虞宅龙灯则始于南宋宝庆三年（1227），为虞宅村席场桥圆桥祭神而创办，一直沿袭至今。

浦江各地滚地龙的表演阵式不尽相同，以寺前、文溪等滚地龙为例，可见其各具的特色。

檀溪镇寺前村龙灯，据传始于清乾隆年间。改革开放后，寺前村恢复了22条滚地龙。其中8条龙于1995年参加了第一届中国浦江书画节民间艺术表演。1999年参加在北京举行的“中华舞龙”大赛，获民间艺术最高奖“山花奖”。同时还参加了在八达岭长城举行的“龙舞大中华”艺术片拍摄活动和在天安门广场举行的迎澳门回归大型文艺表演。2004年参加在杭州举行的第七届中国艺术节大型民间晚会“风从东海来”节目且获金奖。

寺前滚地龙龙灯表演阵式：

第一场：（1）直线行进双开门入场；（2）摇摆侧游龙。

第二场：（1）相对曲线进行；（2）大横“8”字慢舞；（3）四龙抢珠阵形。

第三场：（1）小横“8”字舞龙、半节滚舞；（2）侧矮步快游龙到八龙阵形、梅花形。

第四场：（1）左右摇摆舞龙；（2）盘龙；（3）跳龙珠竿、跳龙门。

第五场：（1）双龙托珠打半节；（2）龙脱身、乌龙扫尾。

第六场：(1) 1、2 队盘龙亮相；(2) 3、4、5、6 队摆舞；(3) 7、8 队龙尾高翘造型。

浦江县浦南街道文溪社区九节龙灯，据传始创于清中期，恢复于 21 世纪初，于 2004 年 8 月应法国政府邀请，赴法国参加蒙图瓦尔第 32 届国际民间艺术节。九节龙在法国的精彩表演，赢得了法国观众的阵阵喝彩。法国《新共和国报》两次刊登演出照片，称“艺术节为中国人铺上了红地毯”。

文溪九节龙表演阵式：九节龙顾名思义龙身分 9 节，1 人执龙珠，取龙抢珠之意。由于节数适中，形象优美，所以舞起来矫健灵活。随着时轻时重，时而热烈欢快，时而雄浑凝重的锣鼓声，10 位青年，一身古装，头佩扎巾，舞动金光熠熠的蛟龙，充分表现了龙舞的盘、滚、游、翻、跳、戏等动作，还可表演 20 余个高难度造型，如龙尾高翘、盘龙、三人组合、高空荷花、上腿、地躺龙、盘龙、侧游滚龙等。

武义民俗

武义取龙求雨

“求雨”，武义俗称为“取龙”。旧时迷信，遇天旱之年，为求老天下雨，组织到龙潭（即有水的地方）取龙。取龙前先把附近各个龙潭的名称写好放进坛里，再用筷子夹，夹到哪个龙潭就到那个龙潭去取龙，此法谓之“刮潭”。取龙时要请道士，全村每户一人全部穿白衣裤，不准戴箬帽，但可以拿扇，并由二人抬着装“龙”的酒坛，还要抬着一些晒死的连泥作物，使“龙”看到久旱的严重。

武义取龙求雨

到龙潭后，先由道士念咒，放疏，即把装有“符”的信封放进龙潭，使之下沉，谓之向海龙王行文。过了一会，疏浮上来，说明海龙王有回音。然后从潭中捞点鱼、虾之类动物，或在龙潭附近抓一条蛇当作龙的化身放进酒坛里；若没有蛇，或抓一只青蛙，或在回来路上抓一条蛇，或者事先抓好一条蛇备用。回来后马上进行游龙，道士把蛇抓在手里让村民看，村里的人要向道士泼水。取龙下了雨后，还要用同样的方法把“龙”送回龙潭。嘉庆《武义县志》卷十二记载，明万历十五至十七年（1587—1589）旱，“斗米银五钱，流殍满道，疫大发，县令陈公大烈，斋沐至三潭迎龙，须臾云起，潭中龙见其爪，得一物如线，俗谓之线龙，贮瓶中，舁归，中途甘霖如注，时六月初七日也”。

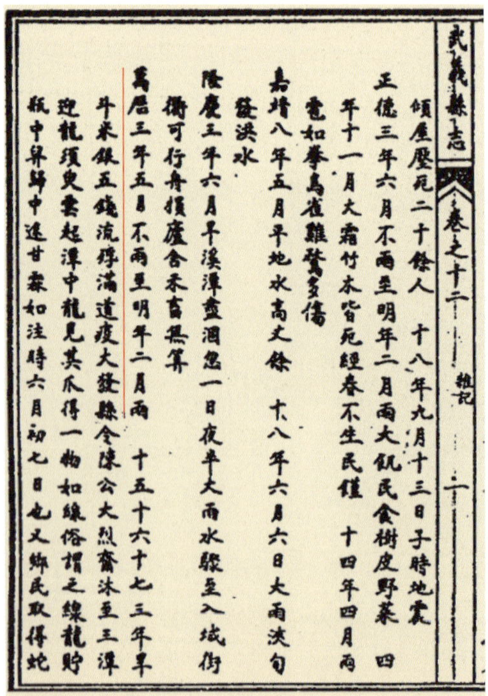
武義縣志　卷之十二　雜記　十二

傾屋壓死二十餘人　十八年九月十三日子時地震
正德三年六月不雨至明年二月雨大飢民食樹皮野菜　四
年十一月大霜竹木皆死經春不生民饉　十四年四月雨
雹如拳鳥雀雛鷟多傷
嘉靖八年五月平地水高丈餘　十八年六月六日大雨浃旬
發洪水
隆慶三年六月平溪潭盡涸忽一日夜半大雨水驟至入城街
衢可行舟損廬舍禾苗無算
萬曆三年五月不雨至明年二月雨　十五十六十七三年旱
斗米銀五錢流殍滿道疫大發縣令陳公大烈齋沐至三潭
迎龍須臾雲起潭中龍見其爪得一物如線俗謂之線龍貯
瓶中舁歸中途甘霖如注時六月初七日也又鄉民取得蛇

嘉庆《武义县志》关于取龙求雨的记载

武义民俗

武义《鲤鱼跳龙门》

《鲤鱼跳龙门》是浙中地区广泛流传的民间舞蹈，说的是一群鲤鱼不畏艰险，历经磨练，终于跳越“龙门”，成为翱翔四海之“巨龙”的故事。鲤鱼，活泼可爱，象征吉祥，意寓丰足。古时正

武义鲤鱼跳龙门

月十五，武义家家户户都要扎些形似鲤鱼的龙灯，加入闹元宵的行列，穿街走巷，载歌载舞，喜庆丰收，祈求风调雨顺、国泰民安。

现行民间舞蹈《鲤鱼跳龙门》，由武义县文化馆创作人员根据民间“鲤鱼龙灯”改编而成。《鲤鱼跳龙门》由30余名少男少女演出，一条条栩栩如生、洒脱活泼的鲤鱼，在波浪中戏游、搏击，展现出江南少女美丽婀娜、南国小伙潇洒倜傥的风采。在悠扬欢快的乐曲声中，“鲤鱼”翩翩起舞；在激越高亢的音乐中，“鲤鱼”翻滚跳跃，最后，“龙头”昂扬腾空，“龙身”摇动摆舞，将舞蹈推向高潮。《鲤鱼跳龙门》荣获第九届龙潭杯全国优秀民间花会大赛最高奖——优胜奖。

磐安民俗

磐安接龙求雨

每逢大旱，乡间即接龙。接龙之村接前要到沿途村庄，张贴“借境过路”通知。要求过境不得生烟，牛及孕妇必须回避。接时，全村男劳力都去，并带棍、棒、刀、枪，虽赤日炎炎也不准戴笠帽，称“雨兵”。到龙潭，由山人摆祭，吹号角，画符念咒，曰“封潭”。封潭后，向潭中寻蛇或鱼、水蝎、虾、蟹、蛤蟆等，捉来放入瓶中，称“龙瓶”。俗称鲫鱼是龙子，白鱼是龙女。龙瓶灌水，柴草放入轿中，由两人抬回，四周拥满人群，一路呼喊呐哨。先抬到村中最旱的田地中转一番，意谓看旱情，叫“夺荒”，也叫“行雨”。接进村后，以牺牲福礼斋龙，每天下午抬着龙瓶，沿农田走，称“降雨”。降雨回，杀猪，将猪血泼于龙棚四周，“雨兵”几百人在棚外转三圈，吹口哨，呼喊助威，叫“团窑”。团毕将放棚内椅子上。为首此陪龙，五天一小招讨，十天一大招讨，每天向“龙王”跪拜，念“拜龙王，求龙雨，养禾苗，救凡人，龙王显灵威，诸佛诸菩隆”。接后，若下透了雨，要行“迎好看”。如无雨，将龙随便倒出。

磐安民俗

磐安佳村舞龙民俗

中国民间舞龙民俗，已在民间流传 1800 多年。相传舞龙民俗发源于磐安县玉山镇佳村，佳村被称为“舞龙故乡”。佳村舞龙民俗有其独特的文化内涵，融巨龙传说、化龙岩景观、五段式

舞龙

舞龙

舞龙程式为一体，且源远流长，于今为胜。如今，佳村已建成“中国龙灯文化之乡”，有舞龙文化广场、舞龙文化博物馆、龙头公园、龙眼井等一系列景观，有训练有素的舞龙表演队，有定期舞龙表演。2009 年，佳村舞龙民俗被列入金华市第三批非物质文化遗产名录。

关于佳村舞龙的来历，有一个巨龙传说。

据传，在磐安奇灵山下的佳村西南灵溪之中，有一龙潭，深不可测。昔时有小黄龙驻守，掌一方雨水。某次因疏忽而多降致成灾害，天帝将其贬为蛇身，反省思过。一日，正倦憩于草丛之中，竟为捕蛇者所获，并售于路遇之老者。老者正是爱民县令王太爷，王太爷因旱情特来勘荒。是夜，王太爷设案祈雨，天帝见其虔诚，命土地神于其梦中告知，速将所得之蛇放归龙潭，复其为龙，三日内可降雨。王太爷醒后即将蛇放生，第三日果降甘霖。

秋后，喜获丰收的百姓感龙恩德，聚于龙潭边，祭拜黄龙，并将祭品投入潭中以飨黄龙。天帝闻之，斥小黄龙逾制。黄龙求土地神转告太爷，教百姓不可再次。然而百姓出于感恩，一如既往投物祭拜。天帝怒道："解困救民乃分内之事，岂可居功扰民！"命天神将小黄龙斩为三段，落于佳村，化为三段岩石，分别为龙头坧、化龙（身）岩、龙尾山。

百姓追悔莫及，于是，改变祭祀方式，不再浪费食品，而以尘世之物制作龙灯，于每年元宵时舞龙，以感谢黄龙恩德，期盼龙身连接复活，并祈祷风调雨顺、五谷丰登。

此乃舞龙之发轫，此后故事流传海内外，形成舞龙民俗。

近年，佳村百姓以人力将三块化龙岩拼接成整条岩龙，实现了祖先复活巨龙的夙愿。

佳村舞龙独具特色，其主旨是把天帝斩断的巨龙重新结合起来，使小黄龙复活。仪式分为接龙与舞龙两部分。接龙仪式联系三块化龙岩，把分离的龙身拼接起来，然后是舞龙，表示黄龙复活与百姓的欢喜之情。整个仪式称为五段式接龙迎龙程式：

第一，龙头龙灯在龙头坧顶面受祭；

第二，接出龙头与龙脖一段；

第三，接出化龙岩龙身一段；

第四，接出龙尾山龙尾一段；

第五，到龙头坧欢腾起舞。

舞龙来源的版本多种多样，金华来源说的主

要依据便是这则流传较广的传说，其中提到几个地名“灵溪”“奇灵山”以及“正月十五舞龙是希望巨龙的身躯能结合起来”的习俗，均与佳村地名和民俗相合。

磐安民俗

磐安船车

磐安船车流传在磐安县尚湖镇、安文镇、大盘镇、窈川乡、深泽乡一带。据传，“船车”民舞是南宋时期人们仿照水上花船的模样，逐渐演变成船车的表演形式，流行于世。到了清代道光年

磐安船车

间，谷将山庙会十分兴隆，各村都要参加朝拜，举行规模宏大的迎案活动，许多民间艺术参加表演，“船车”也成了谷将山庙会活动的优秀节目之一，同时在其他重大节庆活动中也要参加助兴表演，一直流传至今。

船车由船与两个盘车组成。所谓船是由船头（往上翘）与船板加船尾（往上翘）组成，放地上时船甲板直接接触地面。船要移动非得众多人抬起船甲板。在船甲板船沿上有 1.5 米高的 4 根木柱支撑起 2 个盘车（2 根木柱撑起 1 个盘车），每个盘车有 4 个风叶，每个风叶上做 1 个秋千，风车旋转时，4 个秋千总是垂直于风叶，使秋千上的座位总是比较稳定。船车演员需 10 名，4 男 4 女共 8 个小孩坐在风叶的秋千上，意为八仙过海，另 2 名演员扮演船公与船婆。另还需 4 名男子站在支撑盘车的木柱旁扳动盘车，以使盘车转动。

开始划桨后，船上演员唱起民歌小调《十二花名》等，站在地上的人拉动系在风车轴心两顶端的绳子，风车就会转动起来，在旋转的风叶下坐着的 4 位“小美人”齐声附和，船轮开始滚动，向前驶去（移动路线可自由决定）。随着枫叶的旋转，4 位“小美人”也跟随着上下，前后移位，并在每个位置摆不同的造型，唱的小曲也不时地调换，有时与船公、船婆合唱，有时与船公、船婆对唱。表演时人物配合协调，动作悠扬自然，场景恢弘、热烈、充满激情，表现了人们对美好生活的向往。

附录——金华市古代、近代重大治水事件

东汉初年，卢文台率部创建白沙溪三十六堰。

三国吴赤乌年间（238—251），建吴宁县（今东阳市）洲义堰。

梁天监年间（502—519），义乌王阡白塔村造塘于湖，称白塔塘。

陈天嘉二年（561）冬，陈侯安都奉诏进军永康，讨伐东阳郡守留异，因山垄之势建桃枝岭堰。

唐开元中（713—860），容州刺史厉文才创修东阳都督堰。

唐大中年间（847—741），永康县令顾德藩创建高堰。

唐昭宗时（888—904），仓部侍郎徐镃致仕后返武义故里建堰，人称仓部堰。

唐光化元年（898），武义乡民任留主持建长安堰。

北宋庆历六年（1046），御史中丞、太子太傅吴卿，告老还乡归东阳下卢村建富民堰。

北宋天圣初至政和元年（1023—1111），浦江

钱侃、钱遹祖孙建东湖、西湖、椒湖“三湖”。

北宋大观三年(1109)，义乌邑令徐秉哲筑堤，建成绣川湖。

南宋绍兴年间(1131—1162)，兰溪县尉蒋弥远投资率众建水阁塘。武义邑人杨俊卿在熟溪干流上建南湖堰。

南宋绍兴三十二年(1162)，武义县令周必达主建熟溪堤，人称周公堤。

元至元年间(1264—1294)，东阳邑绅蒋某整修南溪堰(古堰)。泰定初(1324)，蒋若晦重修。至正十三年(1353)，蒋显仁大治之，改名通济堰。

元至正四年(1344)，义乌蜀墅塘堤坏水涸，千顷田禾受旱。名医“丹溪翁”朱震亨“倡民兴筑，置坊庸，凿为三窦，时而浅深而舒泄之”。十年后，堤又坏，命侄领头再修。

元至正四年(1344)，武义熟溪水溃堤岸，县尹许广大率民垒石为防，长三百丈，宽六尺余。民怀其德，号“许公堤”。

元至正九年(1349)，亦磷真任义乌县达鲁花赤(蒙古语，意即掌印官、统治者)。在县6年，浚绣湖，重筑东堤，植莲其中。民感其德，置立“去思碑”。

明洪武年间(1368—1398)，建兰溪云林堰、东阳石仓堰、义乌洪光堰、金华石板堰、磐安万工堰等水利工程。

明洪武元年(1368)，兰溪人童泉在延庆桥下，建云林堰，引湛溪水，注入亭后塘。童泉字云林，以字名堰。

明正统元年（1436），兰溪梅溪上建碧潭堰。

明正德年间（1506—1521），先后建东阳江车堰、武义洪寺堰、义乌华亭堰等水利工程。

明嘉靖四年（1525），十二年，先后建浦江仙华堰和金华玉山堰。

明万历年间（1573—1619），兴修武义大流堰、东阳溪西堰、金华括塘堰等水利工程。

清顺治元年至八年（1644—1651），李渔率众在家乡兰溪孟湖下李建龙门、晏公庙、伊山后石坪、安头等四条堰坝。后人把其中最主要的一处“石坪坝”称作“李渔坝”，以作纪念。

清康熙五十九年（1720），修兰溪黄湓堤。雍正六年（1728）重修。乾隆十二年（1747）又重修。

清道光十八年至二十年（1838—1840），汤釜策为宣平知县，时大流堰屡修屡倾，各村庄旧堰亦均废坏不一，汤倡捐廉俸，兴修水利，与典史杨灿率民督理筑建闸堰堤工修旧添新共105处。

1920—1923年，宣平县知事陈景元，率众募筑泽村乡长堤、永平堤。

1946年8月，金华江水利工程处成立。11月起，动工兴修15处第一期防洪工程，于次年4月先后竣工。是年11月，浙江省同时成立“浦阳江水利参事处”和“浦阳江水利工程处”，在浦江地段，先后复堤护岸工程4处，修复江堤12处。

[illegible]
处上畈利济桥
履一上禹皇庙
履三下禹皇庙
下杨二安济桥
道德桥
永德廊桥
承志桥
夹溪桥
万潭堰帖
《吴中水利全书》
戽斗
陇头朱文化礼堂水龙
陇头朱院士文化礼堂水车
吴广巨收藏手持水龙
吴广巨收藏水车
吴广巨收藏水龙
试水龙
水车（展示）
水利农具